ESCAPE GAMES

PROGRAMMES 2020

9 ENQUÊTES PÉDAGOGIQUES CP·CE·CM

POUR RÉINVESTIR SES CONNAISSANCES ET EXERCER SA LOGIQUE

par **Karine Masset-Tonda**

LA CLASSE
ÉDITIONS

ESCAPE GAMES
9 ENQUÊTES PÉDAGOGIQUES CP·CE·CM

Directeur de publication : Arnaud Habrant

Directrice de collection : Laurence Batlle

Secrétaire d'édition : Pauline Bley

Autrice : Karine Masset-Tonda

Illustratrice : Amélie Clavier

Couverture & mise en page : dumkit-graphic.com

Crédits : toutes les photos des ressources numériques proviennent de l'autrice, sauf :
- Pixabay : EG1, EG2, EG3, EG4, EG5, EG6, EG9 ;
- Wikipédia : EG2, EG4 ;
- 123RF : EG2, EG4, EG5, EG7, EG9 ;
- Shutterstock : EG2, EG3, EG4, EG5, EG6 ;
- Istock : EG2, EG3, EG5.

Pour les enregistrements sonores : canard © Lasonotheque.org Denis Chardonnet, vache et cheval © Lasonotheque.org Joseph Sardin, grenouille © Sound-Fishing.

LA CLASSE ÉDITIONS

Martin Média
10, avenue Victor-Hugo
CS 60051
55800 Revigny-sur-Ornain France
Tél. : 03 29 70 56 33 • Fax : 03 29 70 57 44
contact@laclasse.fr • www.laclasse.fr

 • ISBN : 978-2-35058-358-7

SOMMAIRE

INTRODUCTION
PAGE 4

DÉROULEMENT D'UN *ESCAPE GAME*
PAGE 6

À partir du **CP**

1. FLEURS ET ARBRES
PAGE 8

2. ANIMAUX DU MONDE
PAGE 18

À partir de la fin du **CP**

3. NOTRE ALIMENTATION
PAGE 28

4. PERDUS DANS LA FORÊT MAGIQUE
PAGE 34

5. LA MAISON ÉCOLO
PAGE 42

À partir du **CE2**

6. DÉVELOPPEMENT DURABLE
PAGE 52

7. TOUS EN CUISINE
PAGE 60

8. RECHERCHES SCIENTIFIQUES
PAGE 68

9. APPRENTIS AGENTS SECRETS
PAGE 76

ÉNIGMES BONUS
PAGE 84

SOMMAIRE DÉTAILLÉ DES RESSOURCES NUMÉRIQUES
PAGE 92

Les *escape games* pédagogiques

Des jeux faciles à mettre en place, des élèves motivés, et surtout de nombreux apprentissages.

Un *escape game*, c'est quoi ?

Les *escape games* sont d'origine japonaise. Il s'agit d'abord de jeux vidéo. Les premiers connus datent de 2005. En 2008, un premier jeu d'évasion grandeur nature pérenne et professionnel est créé à Kyoto. Les salles se multiplient vite en Asie, puis en Europe (en Hongrie tout d'abord, en France en 2013), en Amérique du Nord et ailleurs...

On peut traduire *escape game* par « jeu d'évasion » : il s'agit de réussir à sortir d'un espace clos en un temps limité. Il se pratique habituellement en groupe de plusieurs joueurs qui doivent trouver des indices, puis les combiner entre eux pour résoudre des énigmes et pouvoir sortir de la pièce.

Le but peut être de résoudre un problème (trouver un coupable ou un trésor). Il y a souvent une histoire et un décor en lien.

On utilise aussi parfois le terme « *escape room* ». L'utilisation de « *room* » implique l'idée de salle, réelle ou virtuelle de laquelle il faut pouvoir sortir. Les deux termes sont utilisés en anglais et en français pour les jeux vidéo comme pour les jeux grandeur nature : *escape game* est donc plus général.

Pourquoi un tel succès ?

Les *escape games* sont à la mode. L'hebdomadaire *Courrier international* a même consacré une double-page à leur succès mondial. Enfants et adultes sont fascinés par les aventuriers, les héros. Ils ont grand plaisir à se prendre pour l'un d'entre eux pendant une petite heure.

Il y a aussi le plaisir de se retrouver entre proches autour d'une activité à mener à bien ensemble.

Pourquoi des *escape games* pédagogiques ?

La ludification (ou gamification), c'est-à-dire l'utilisation du jeu dans des situations d'apprentissage, permet d'éveiller facilement une motivation utile. Les participants du jeu ont envie de s'amuser et de réussir.

Ils s'impliquent alors activement par plaisir. Les *escape games* sont d'autant plus motivants que les joueurs aiment se prendre pour d'autres et sont fiers de résoudre les énigmes proposées.

L'autre intérêt des *escape game* est la coopération. Coopérer, c'est œuvrer ensemble : mettre ses efforts en commun pour atteindre un objectif. Cela nécessite confiance, écoute, compréhension, expression (expliquer, argumenter, convaincre), organisation... autant de compétences de plus en plus mises en avant de nos jours.

Quelles limites ?

Certains élèves peuvent se stresser face à la tâche, face à une énigme semblant difficile ou face au temps imparti qui se réduit. C'est au maître du jeu (MJ) ou *game master* en anglais de veiller à ce que le jeu reste source de plaisir pour tous.

Les élèves sont généralement très contents de participer à un *escape game*. Pour eux, il s'agit d'un jeu donc d'un moment de plaisir, de loisir, pas d'un temps d'apprentissage.

Certaines énigmes peuvent être résolues sans aller au bout de la réflexion souhaitée. Par exemple si les équipiers cherchent un chiffre et voient les lettres Q et U, ils peuvent déjà deviner qu'il s'agit du mot « quatre ».

C'est pour ces trois raisons qu'il est indispensable de faire un retour sur le jeu, juste après, pour parler des énigmes et des émotions ressenties.

Côté apprentissages, il est aussi utile de procéder à une nouvelle analyse, plus tard, le lendemain par exemple. C'est pour cela qu'une feuille récapitulative (corrigée ou non) est disponible en annexe pour chaque jeu de cet ouvrage.

Mise en place d'un *escape game*

Si vous avez ce livre entre vos mains, c'est que vous envisagez de mettre en place au moins un *escape game* pour votre classe. Vous vous savez capable d'enseigner autrement qu'en frontal et c'est bien là l'essentiel !

Certains des *escape games* de ce livre ne nécessite qu'à peine plus qu'une organisation en groupes et des photocopies.

Comment commencer ?

Parcourez ce livre et choisissez l'*escape game* qui vous intéresse le plus. Vous pouvez commencer par un *escape game* classé « à partir du CP » même avec les plus grands !

Le plus simple est de faire jouer la classe entière répartie en groupes sur le même *escape game*. L'enseignant prend alors le rôle de maître du jeu (MJ) et peut se faire assister par un élève volontaire.

En cas d'*escape room*, le plus pratique est d'organiser cela avec un collègue en mélangeant les deux classes. Pendant le temps de jeu, un enseignant sera le MJ auprès d'un groupe, tandis que l'autre s'occupera de tous les autres élèves.

Prévenez vos élèves en avance en expliquant bien qu'il s'agit d'un jeu, mais d'un jeu pendant lequel ils vont beaucoup apprendre, que cela va être excitant, mais qu'on reste dans le cadre de l'école, donc on joue sérieusement !

Quelles contraintes ?

La contrainte principale est de créer des groupes de 3 à 6 élèves et de prévoir suffisamment d'espace entre ces groupes.

En cas d'*escape room*, il vaut mieux une salle moins remplie qu'une salle de classe (salle commune, cantine, hall...), à défaut il faudra sûrement condamner des zones pour que les élèves trouvent les indices sans se perdre en conjectures sur des objets n'ayant rien à voir avec le jeu.

Mais pour un premier jeu, pas besoin de s'obliger à organiser un *escape room*, jouer sur une table suffit !

En cas de protocole sanitaire, tous les *escape games* de ce livre peuvent être mises en place à l'extérieur, comme nous l'avons fait en fin d'année 2020.

Quoi faire pendant le jeu ?

Le MJ doit être prêt à donner une aide ou l'étape suivante à chaque groupe. Il doit avoir toujours un temps d'avance sur les groupes.

Il lui faut aussi en motiver certains et faire en sorte que la coopération attendue fonctionne, mais il ne faut pas être trop intrusif. Il est important de laisser chercher les élèves et de les laisser commettre des erreurs et recommencer.

Certains de nos élèves ont tendance à demander trop rapidement de l'aide car ils pensent que le savoir est dichotomique – on sait ou on ne sait pas. Les *escape games* leur sont très utiles : ils comprennent que parfois on ne sait pas d'emblée, mais en cherchant on trouve... Ceci est d'autant plus important pour les élèves en difficulté...

Quelques conseils de démarrage

→ Prévoyez suffisamment en avance le matériel et l'organisation : groupes, assistant...

→ Adaptez l'*escape game* choisi à vos contraintes locales et à vos envies : un minuteur bien visible ? une musique stressante ?

→ Prévoyez des groupes hétérogènes avec au moins un enfant « lecteur » par groupe quand cela vous paraît nécessaire.

→ Faites attention à ce que l'espace prévu entre deux groupes soit suffisamment grand pour éviter d'entendre ce qui est dit à côté si plusieurs groupes jouent simultanément.

→ Plastifiez certaines cartes de matériel pour pouvoir les réutiliser en écrivant dessus avec des feutres effaçables.

→ Pensez à fournir aux élèves des feuilles de brouillon et des crayons, ainsi que les feutres effaçables si les cartes sont plastifiées.

DÉROULEMENT D'UN ESCAPE GAME

Chaque *escape game* présenté ici propose un pitch de départ avec différentes énigmes à résoudre pour obtenir le dénouement final.

Ils sont tous construits de la même manière avec une première double page qui en expose tous les principes.

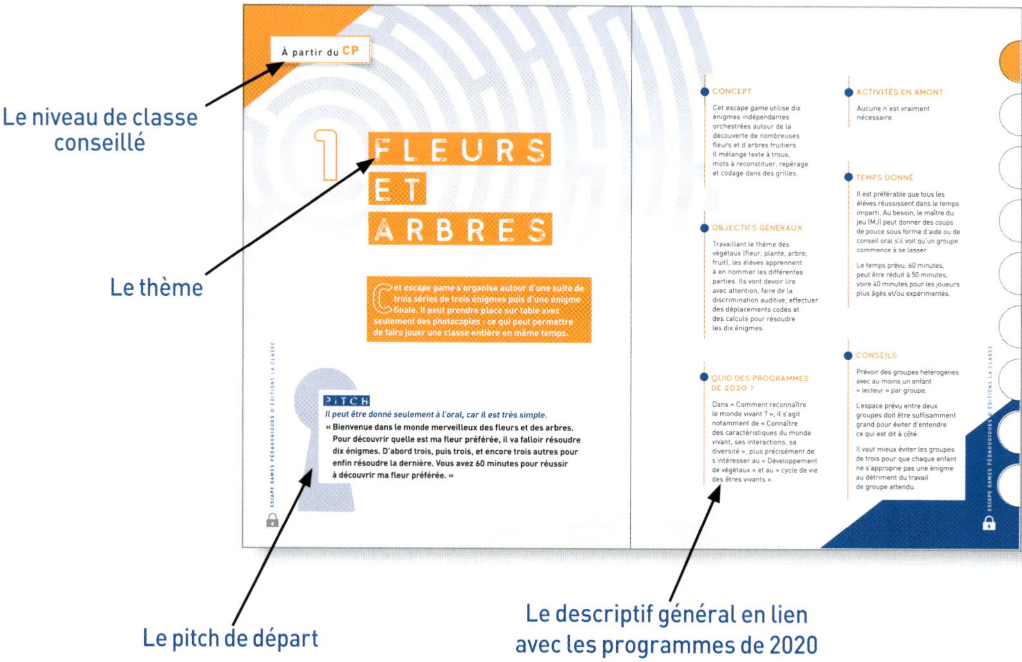

La double page suivante dresse la liste du matériel nécessaire ainsi que le déroulement de l'*escape game*, énigme par énigme. Des conseils de gestion de classe sont proposés au fur et à mesure de la progression dans l'aventure pour aider le MJ.

Tout le matériel nécessaire aux *escape games* est fourni en annexes et est à télécharger sur le CD-rom. Certains *escape games* nécessitent des objets ou accessoires à prévoir à l'avance (cuillère, assiette, fourchettes...).

Pour chaque énigme, l'objectif, le déroulement et la résolution sont indiqués, de manière à faciliter le travail du MJ.

En fin d'*escape game*, chaque élève d'une équipe gagnante reçoit **un diplôme à compléter**.

Si toutefois une équipe n'était pas arrivée au bout, ses membres peuvent recevoir le **diplôme de participation**.

Pour les premiers groupes ayant fini, une partie « **Énigme BONUS** » est disponible en fin d'ouvrage, page 84.

Pour la réutilisation de connaissances, **une feuille récapitulative** ou de route selon les *escape games* est proposée en annexe. Elle permet de revoir les nombreuses notions utilisées le lendemain. Celle-ci peut être complétée seul ou à deux, puis être corrigée en oral collectif.

Enfin, chaque *escape game* propose des prolongements possibles pour approfondir le thème traité.

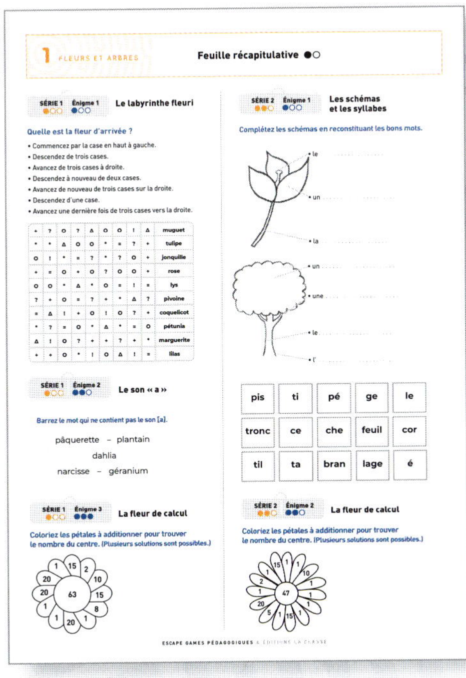

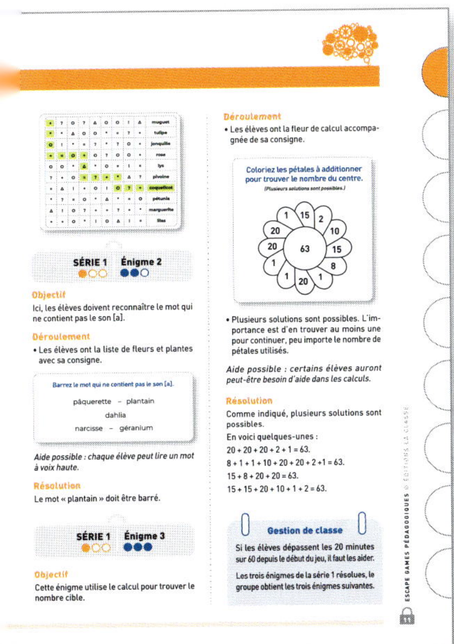

À partir du **CP**

1 FLEURS ET ARBRES

Cet *escape game* s'organise autour d'une suite de trois séries de trois énigmes puis d'une énigme finale. Il peut prendre place sur table avec seulement des photocopies : ce qui peut permettre de faire jouer une classe entière en même temps.

PITCH

Il peut être donné seulement à l'oral, car il est très simple.

« Bienvenue dans le monde merveilleux des fleurs et des arbres. Pour découvrir quelle est ma fleur préférée, il va falloir résoudre dix énigmes. D'abord trois, puis trois, et encore trois autres pour enfin résoudre la dernière. Vous avez 60 minutes pour réussir à découvrir ma fleur préférée. »

CONCEPT

Cet *escape game* utilise dix énigmes indépendantes orchestrées autour de la découverte de nombreuses fleurs et d'arbres fruitiers. Il mélange texte à trous, mots à reconstituer, repérage et codage dans des grilles.

OBJECTIFS GÉNÉRAUX

Travaillant le thème des végétaux (fleur, plante, arbre, fruit), les élèves apprennent à en nommer les différentes parties. Ils vont devoir lire avec attention, faire de la discrimination auditive, effectuer des déplacements codés et des calculs pour résoudre les dix énigmes.

QUID DES PROGRAMMES DE 2020 ?

Dans « Comment reconnaître le monde vivant ? », il s'agit notamment de « Connaître des caractéristiques du monde vivant, ses interactions, sa diversité », plus précisément de s'intéresser au « Développement de végétaux » et au « cycle de vie des êtres vivants ».

ACTIVITÉS EN AMONT

Aucune n'est vraiment nécessaire.

TEMPS DONNÉ

Il est préférable que tous les élèves réussissent dans le temps imparti. Au besoin, le maître du jeu (MJ) peut donner des coups de pouce sous forme d'aide ou de conseil oral s'il voit qu'un groupe commence à se lasser.

Le temps prévu, 60 minutes, peut être réduit à 50 minutes, voire 40 minutes pour les joueurs plus âgés et/ou expérimentés.

CONSEILS

Prévoir des groupes hétérogènes avec au moins un enfant « lecteur » par groupe.

L'espace prévu entre deux groupes doit être suffisamment grand pour éviter d'entendre ce qui est dit à côté.

Il vaut mieux éviter les groupes de trois pour que chaque enfant ne s'approprie pas une énigme au détriment du travail de groupe attendu.

1 FLEURS ET ARBRES

MATÉRIEL

9 annexes à télécharger

À imprimer en avance.

- **Feuille récapitulative (et son corrigé)**
- **Diplômes de participation et de réussite**
- **Énigme finale : le portrait et les six fleurs**

SÉRIE 1

- **Énigme 1 : le labyrinthe fleuri**
- **Énigme 2 : le son « a »**
- **Énigme 3 : la fleur de calcul**

SÉRIE 2

- **Énigme 1 : les schémas et les syllabes**
- **Énigme 2 : la fleur de calcul**
- **Énigme 3 : le son « è »**

SÉRIE 3

- **Énigme 1 : le labyrinthe de mamie**
- **Énigme 2 : les arbres fruitiers**
- **Énigme 3 : le cycle du pissenlit**

Gestion de classe

Pour cet *escape game*, le maître du jeu (MJ) est invité à distribuer, à chaque groupe, les trois énigmes d'une même série en même temps. Les élèves choisissent ensuite seuls par quelle énigme ils préfèrent commencer. Mais tous débutent par la série 1.

SÉRIE 1 | **Énigme 1**

Objectif

Les élèves doivent lire, comprendre et appliquer la consigne pour effectuer les bons déplacements codés dans une grille et atteindre la sortie.

Déroulement

- Les élèves ont déjà la grille et le codage nécessaires.

Quelle est la fleur d'arrivée ?

- Commencez par la case en haut à gauche.
- Descendez de trois cases.
- Avancez de trois cases à droite.
- Descendez à nouveau de deux cases.
- Avancez de nouveau de trois cases sur la droite.
- Descendez d'une case.
- Avancez une dernière fois de trois cases vers la droite.

+	?	O	?	Δ	O	O	!	Δ	muguet
*	*	Δ	O	O	*	=	?	+	tulipe
O	!	*	=	?	*	?	O	+	jonquille
+	=	O	+	O	?	O	O	+	rose
O	O	*	Δ	*	O	=	!	=	lys
?	+	O	=	?	+	*	Δ	?	pivoine
=	Δ	!	+	O	!	O	?	+	coquelicot
*	?	=	O	*	Δ	*	=	O	pétunia
Δ	!	O	?	+	+	?	+	*	marguerite
+	+	O	*	!	O	Δ	!	=	lilas

- Laisser les élèves travailler en autonomie.

Aide possible : au besoin, aider le groupe à démarrer pour trouver les bonnes orientations et compter correctement les cases.

Résolution

Les élèves doivent avoir trouvé la fleur « coquelicot ».

+	?	O	?	Δ	O	O	!	Δ	muguet
*	*	Δ	O	O	*	=	?	+	tulipe
O	!	*	=	?	*	?	O	+	jonquille
+	=	O	+	O	?	O	O	+	rose
O	O	*	Δ	*	O	=	!	=	lys
?	+	O	=	?	+	*	Δ	?	pivoine
=	Δ	!	+	O	!	O	?	+	coquelicot
*	?	=	O	*	Δ	*	=	O	pétunia
Δ	!	O	?	+	+	?	+	*	marguerite
+	+	O	*	!	O	Δ	!	=	lilas

SÉRIE 1 — Énigme 2

Objectif

Ici, les élèves doivent reconnaître le mot qui ne contient pas le son [a].

Déroulement

- Les élèves ont la liste de fleurs et plantes avec sa consigne.

Barrez le mot qui ne contient pas le son [a].

pâquerette – plantain

dahlia

narcisse – géranium

Aide possible : chaque élève peut lire un mot à voix haute.

Résolution

Le mot « plantain » doit être barré.

SÉRIE 1 — Énigme 3

Objectif

Cette énigme utilise le calcul pour trouver le nombre cible.

Déroulement

- Les élèves ont la fleur de calcul accompagnée de sa consigne.

Coloriez les pétales à additionner pour trouver le nombre du centre.

(Plusieurs solutions sont possibles.)

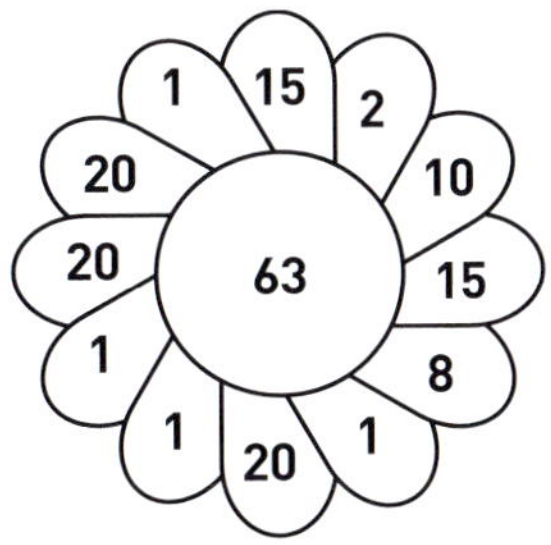

- Plusieurs solutions sont possibles. L'importance est d'en trouver au moins une pour continuer, peu importe le nombre de pétales utilisés.

Aide possible : certains élèves auront peut-être besoin d'aide dans les calculs.

Résolution

Comme indiqué, plusieurs solutions sont possibles.

En voici quelques-unes :

20 + 20 + 20 + 2 + 1 = 63.

8 + 1 + 1 + 10 + 20 + 20 + 2 +1 = 63.

15 + 8 + 20 + 20 = 63.

15 + 15 + 20 + 10 + 1 + 2 = 63.

Gestion de classe

Si les élèves dépassent les 20 minutes sur 60 depuis le début du jeu, il faut les aider.

Les trois énigmes de la série 1 résolues, le groupe obtient les trois énigmes suivantes.

1 FLEURS ET ARBRES (suite)

SÉRIE 2 ●●○ | **Énigme 1** ●○○

Objectif

On travaille ici les différentes parties d'une fleur et d'un arbre en reconstituant les mots.

Déroulement

- Les élèves ont les deux cartes nécessaires à cette énigme : les schémas à compléter et les différentes syllabes de mots à reconstituer.

Complétez les schémas en reconstituant les bons mots.

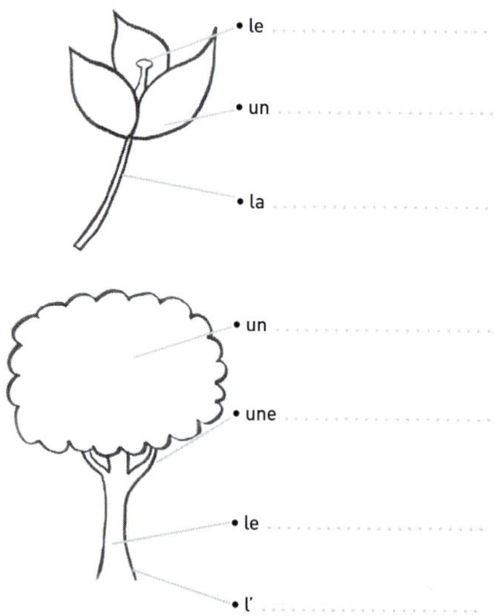

pis	ti	pé	ge	cor	lage	che	tronc
le	til	ta	bran	é	feuil	ce	

- Les syllabes peuvent être découpées facilement pour permettre aux élèves de recomposer les mots.

Aide possible : les élèves connaissent certains mots. Ils peuvent commencer par ceux-là.

- On attend ensuite des élèves qu'ils complètent les deux schémas en recopiant les bons mots aux bons endroits.

Résolution

Les mots à trouver sont : pistil, pétale, tige, feuillage, branche, écorce, tronc.

SÉRIE 2 ●●○ | **Énigme 2** ●●○

Objectif

À nouveau, les élèves doivent trouver quels nombres additionner pour trouver le nombre cible en testant différents calculs.

Déroulement

- Les élèves ont la fleur de calcul avec sa consigne.

Coloriez les pétales à additionner pour trouver le nombre du centre.

(Plusieurs solutions sont possibles.)

- Plusieurs solutions sont possibles. L'importance est d'en trouver au moins une pour continuer, peu importe le nombre de pétales utilisés.

Aide possible : il peut être nécessaire d'aider les élèves à tenter certains calculs.

Résolution

Comme indiqué, plusieurs solutions sont possibles. En voici quelques-unes :

15 + 15 + 10 + 5 + 2 = 47.

20 + 15 + 5 + 1 + 1 + 1 + 1 + 1 + 1 + 1 = 47.

SÉRIE 2 Énigme 3

Objectif

Ici, les élèves doivent reconnaître le mot qui ne contient pas le son indiqué [ɛ] c'est-à-dire « è ».

Déroulement

- Les élèves ont la liste de mots avec sa consigne.

Barrez le mot qui ne contient pas le son [ɛ].

pâquerette – primevère

violette

marguerite – muguet

Aide possible : on peut rappeler ce qu'est le son [ɛ] « è ». Chaque élève peut lire un mot à voix haute.

Résolution

Le mot « marguerite » doit être barré.

Gestion de classe

Si les élèves dépassent les 35 minutes sur 60 depuis le début du jeu, il est nécessaire de les aider.

Les trois énigmes de la série 2 résolues, le groupe obtient les trois énigmes suivantes.

SÉRIE 3 Énigme 1

Objectif

En comptant de deux en deux, les élèves vont effectuer des déplacements dans une grille pour atteindre la bonne sortie.

Déroulement

- Les élèves ont la grille et sa consigne.

Combien ça coûte ?

- Nous allons acheter une plante pour l'anniversaire de mamie. Combien allons-nous payer ?
- Commencez à 2 et comptez de 2 en 2.

2	9	11	23	18	21	74	26	28	30
4	6	19	14	16	18	72	28	30	32
7	8	10	12	19	20	70	55	32	34
10	11	25	14	23	22	15	38	40	32
12	13	27	17	26	24	12	36	42	30
14	17	14	20	28	30	32	34	44	25
16	19	16	25	30	28	33	35	46	45
18	21	19	30	33	26	25	63	48	50
20	35	22	31	35	12	30	14	25	53
22	24	26	28	30	32	34	36	38	40

- La grille contient des pièges. Parfois, plusieurs chemins sont possibles dont certains mènent à des impasses.
- La réponse attendue est dans la dernière colonne.

Aide possible : si un groupe se trompe, le MJ peut leur conseiller de recommencer depuis le début en étant vigilants.

Résolution

Le nombre à trouver est **50**.

2	9	11	23	18	21	74	26	28	30
4	6	19	14	16	18	72	28	30	32
7	8	10	12	19	20	70	55	32	34
10	11	25	14	23	22	15	38	40	32
12	13	27	17	26	24	12	36	42	30
14	17	14	20	28	30	32	34	44	25
16	19	16	25	30	28	33	35	46	45
18	21	19	30	33	26	25	63	48	50
20	35	22	31	35	12	30	14	25	53
22	24	26	28	30	32	34	36	38	40

SÉRIE 3 Énigme 2

Objectif

Les élèves doivent trouver le nom de l'arbre qui donne les kiwis.

Déroulement

- Le groupe s'intéresse à l'énigme 2 de la série 3 sur les arbres fruitiers.

Trouvez les autres arbres fruitiers pour trouver le nom de l'arbre à kiwis.

- arbre à abricots : ☐☐☐☐☐☐☐☐☐☐
- arbre à noix : ☐☐☐☐☐
- arbre à cerises : ☐☐☐☐☐☐☐☐
- arbre à dattes : ☐☐☐☐☐☐☐
- arbre à châtaignes : ☐☐☐☐☐☐☐☐☐☐☐☐

L'arbre à kiwis est l' ☐☐☐☐☐☐☐☐☐

- Les élèves trouvent facilement les noms des arbres. Certains peuvent avoir besoin d'aide pour l'orthographe.

Aide possible : au besoin expliquez-leur qu'ils doivent recopier les lettres encadrées dans l'ordre.

Résolution

- arbre à abricots : A B R I C O T I E R
- arbre à noix : N O Y E R
- arbre à cerises : C E R I S I E R
- arbre à dattes : D A T T I E R
- arbre à châtaignes : C H A T A I G N I E R

L'arbre à kiwis est l' A C T I N I D I A

L'arbre à kiwis est l'actinidia.

SÉRIE 3 Énigme 3

Objectif

Ici, les élèves doivent ordonner les étapes du cycle de vie d'un pissenlit.

Déroulement

- Les élèves prennent l'énigme 3 de la dernière série.

- Les élèves peuvent avoir besoin de découper les différentes images légendées pour pouvoir les remettre dans l'ordre.

Aide possible : il peut être utile de préciser que les aigrettes sont des fruits et apparaissent donc après les fleurs.

Résolution

Le bon ordre est : **1 5 4 6 2 3.**

1 (bouton) – 5 (la fleur s'ouvre) – 4 (fleur) – 6 (aigrettes) – 2 (les aigrettes s'envolent) – 3 (aigrettes envolées).

Gestion de classe

Si les élèves dépassent les 55 minutes sur 60 depuis le début du jeu, il est nécessaire de les aider.

Les trois énigmes de la troisième série résolues, le groupe obtient l'énigme finale.

Énigme finale

Objectif

Cette énigme va nécessiter de la concentration, de l'intuition et de la méthode.

Déroulement

- Les élèves vont utiliser les deux matériels nécessaires à l'énigme finale : le portrait de la fleur à trouver, ainsi que la planche de fleurs.
- Les élèves vont devoir relire plusieurs fois les éléments pour bien tout comprendre et développer leur intuition. C'est en complétant au fur et à mesure le portrait qu'ils vont trouver la fleur, en éliminant une plante à la fois.

Quelle fleur suis-je ?

Mes pétales sont jaunes.
Je ne suis donc pas ……………………

Je ne suis pas un arbuste.
Je ne suis donc pas ……………………

Je n'ai pas de nombreuses fleurs sur une tige.
Je ne suis donc pas ……………………

J'ai cinq pétales.
Je ne suis donc pas ……………………

Je ne suis pas en groupe.
Je ne suis donc pas ……………………

Je suis donc ……………………

Aide possible : il est important que les élèves procèdent bien dans l'ordre. Il faut lire la première phrase et choisir la fleur à éliminer, puis la deuxième phrase, etc.

Résolution

La fleur à trouver est le bouton d'or.

Gestion de classe

→ Pour les premiers groupes ayant terminé

L'énigme finale résolue, les élèves peuvent approfondir la thématique des fleurs autour d'une activité artistique prévue par avance. Cela leur permet une activité agréable en attendant que les camarades des autres groupes finissent.

Selon leur motivation, il est possible de proposer de résoudre des énigmes supplémentaires : voir la partie **Énigmes – BONUS** page 84.

On peut terminer la séance en distribuant le **diplôme de réussite ou de participation** à chaque élève.

L'équipe ....

de ....

a réussi avec brio

l'escape game

FLEURS ET ARBRES

Bravo et vive la nature !

Le ..../..../....   École ....

L'équipe ....

de ....

a participé à

l'escape game

FLEURS ET ARBRES

Vive la nature !

Le ..../..../....   École ....

La **Feuille récapitulative** proposée permettra de revoir ultérieurement toutes les notions utilisées dans cet *escape game*.

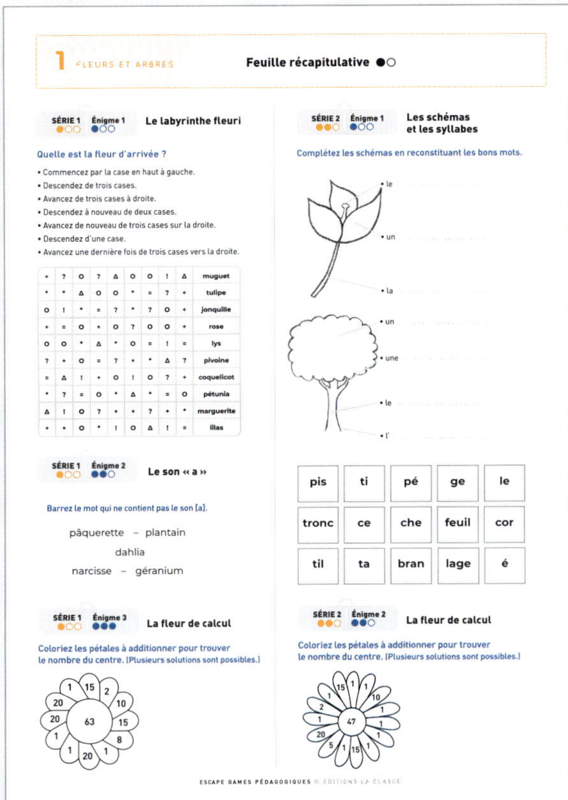

1 FLEURS ET ARBRES

Feuille récapitulative ●○

SÉRIE 1 Énigme 1 **Le labyrinthe fleuri**

Quelle est la fleur d'arrivée ?

- Commencez par la case en haut à gauche.
- Descendez de trois cases.
- Avancez de trois cases à droite.
- Descendez à nouveau de deux cases.
- Avancez de nouveau de trois cases sur la droite.
- Descendez d'une case.
- Avancez une dernière fois de trois cases vers la droite.

+	?	O	?	Δ	O	O	!	Δ	muguet
•	•	Δ	O	O	•	=	?	+	tulipe
O	!	•	=	?	•	?	O	+	jonquille
+	=	O	+	O	?	O	O	+	rose
O	O	•	Δ	•	O	=	!	=	lys
?	+	O	=	?	+	•	Δ	?	pivoine
=	Δ	!	+	O	!	O	?	+	coquelicot
•	?	=	O	•	Δ	•	=	O	pétunia
Δ	!	O	?	+	+	?	+	•	marguerite
+	+	O	•	!	O	Δ	!	=	lilas

SÉRIE 1 Énigme 2 **Le son « a »**

Barrez le mot qui ne contient pas le son [a].

pâquerette – plantain
dahlia
narcisse – géranium

SÉRIE 1 Énigme 3 **La fleur de calcul**

Coloriez les pétales à additionner pour trouver le nombre du centre. (Plusieurs solutions sont possibles.)

SÉRIE 2 Énigme 1 **Les schémas et les syllabes**

Complétez les schémas en reconstituant les bons mots.

pis	ti	pé	ge	le
tronc	ce	che	feuil	cor
til	ta	bran	lage	é

SÉRIE 2 Énigme 2 **La fleur de calcul**

Coloriez les pétales à additionner pour trouver le nombre du centre. (Plusieurs solutions sont possibles.)

ESCAPE GAMES PÉDAGOGIQUES © ÉDITIONS LA CLASSE

→ Prolongements possibles

- revoir les fleurs rencontrées en les associant à des images
- faire écrire de nouveaux portraits de fleurs
- associer un fruit et le nom de son arbre
- travailler à nouveau sur les sons et syllabes des noms de fleurs et d'arbres
- faire pousser des plantes dans la classe (radis, haricots, tomates, etc.)
- au printemps, observer l'évolution d'un arbre : bourgeon, feuilles, fleurs, fruits
- organiser une promenade pour repérer des fleurs, observer leurs caractéristiques, trouver leur nom et ensuite les dessiner
- réutiliser les grilles en variant les codages
- créer de nouvelles fleurs de calculs avec d'autres nombres

À partir du **CP**

2 ANIMAUX DU MONDE

Cet *escape game* permet de rencontrer des animaux du monde entier en explorant différentes facettes : leurs cris, leurs caractéristiques et modes de vie, leurs régimes alimentaires, et les couples mâles-femelles et petits. Il ne nécessite que des photocopies : ce qui peut permettre de faire jouer une classe entière en même temps.

PITCH

Il peut être donné seulement à l'oral, car il est très simple.

« Vous allez faire le tour du monde et en apprendre plus sur quelques animaux. Vous avez 75 minutes pour réussir votre tour du monde et récupérer les sept pièces de tangram. »

CONCEPT

Cet *escape game* utilise sept énigmes à résoudre dans un ordre linéaire figé. Pour matérialiser leur progression, les élèves se déplacent sur une carte du monde quadrillée grâce aux indications gagnées en résolvant les énigmes. Ils complètent alors leur feuille de route avec le nom des parties du monde qu'ils visitent et les réponses aux énigmes. Chaque énigme réussie leur permet de recevoir une pièce du tangram final et l'itinéraire à suivre pour continuer.
À la fin du jeu, une fois les sept énigmes réussies, les élèves détiennent les sept morceaux de tangram leur permettant de construire l'animal demandé.

OBJECTIFS GÉNÉRAUX

Au travers d'un travail transversal de lecture, d'écoute, d'observation et de logique, cet *escape game* permet d'étudier les cris, caractéristiques, modes de vie, cycles de vie, régimes alimentaires de quelques animaux vivants, dans différents endroits du monde.

QUID DES PROGRAMMES DE 2020 ?

Dans le domaine « Questionner le monde : comment reconnaître le vivant ? Connaître des caractéristiques du monde vivant, ses interactions, sa diversité », on retrouve notamment : « développement d'animaux et de végétaux, le cycle de vie des êtres vivants, régimes alimentaires de quelques animaux, et identification des interactions des êtres vivants entre eux et avec leur milieu ».

ACTIVITÉS EN AMONT POSSIBLES

Il peut être utile d'avoir déjà travaillé sur les parties du monde, par exemple en les ayant associé à des paysages caractéristiques. Certaines notions abordées peuvent déjà avoir été évoquées, comme les régimes alimentaires ou les caractéristiques physiques d'espèces animales.

TEMPS DONNÉ

Le temps prévu de 75 minutes peut être réduit à 60 minutes pour les joueurs expérimentés. Il n'est pas utile que chaque groupe finisse dans le temps imparti. Il sera même plus intéressant que certains groupes réussissent et pas d'autres.

CONSEILS

Si les élèves sont bloqués sur une énigme et paraissent démotivés, le MJ peut intervenir et donner des coups de pouce.
Il faut créer des groupes hétérogènes avec au moins un enfant « lecteur » par groupe.
L'espace prévu entre deux groupes doit être suffisamment grand pour éviter de s'entendre.
Il est possible de coller les réponses aux énigmes au lieu de les recopier. Pour cela, il vous faudra adapter les annexes à télécharger.

2 ANIMAUX DU MONDE

MATÉRIEL 18 annexes à télécharger

À préparer et imprimer en avance. Penser au matériel d'écoute pour les enregistrements de cris d'animaux.

- → **Feuille de route (et son corrigé)**
- → **Carte du monde**
- → **6 cartes « Itinéraire »**
- → **Diplômes de participation et de réussite**
- → **Énigme 1 : Europe :** 10 cartes animaux et 4 cris d'animaux
- → **Énigme 2 : Afrique :** 2 images de zébrures
- → **Énigme 3 : Antarctique :** le portait et les 6 photos d'animaux
- → **Énigme 4 : Océanie :** les 4 cartes kangourou
- → **Énigme 5 : Asie :** les 6 mots à reconstituer
- → **Énigme 6 : Amérique :** les 8 cartes noms d'animaux
- → **Énigme 7 : Banquise arctique :** les 19 cartes à replacer
- → **Énigme finale :** les 7 pièces du tangram et le modèle

Gestion de classe

Pour cet *escape game*, le maître du jeu (MJ) est invité à distribuer à chaque groupe, la carte du monde et la feuille de route qui servira de feuille récapitulative. Les élèves prennent connaissance de ces deux documents quelques minutes.

Le MJ peut ajouter qu'il y a sept énigmes à résoudre et qu'entre chaque énigme, ils vont gagner des cartes « Itinéraire » qui vont leur permettre d'avancer.

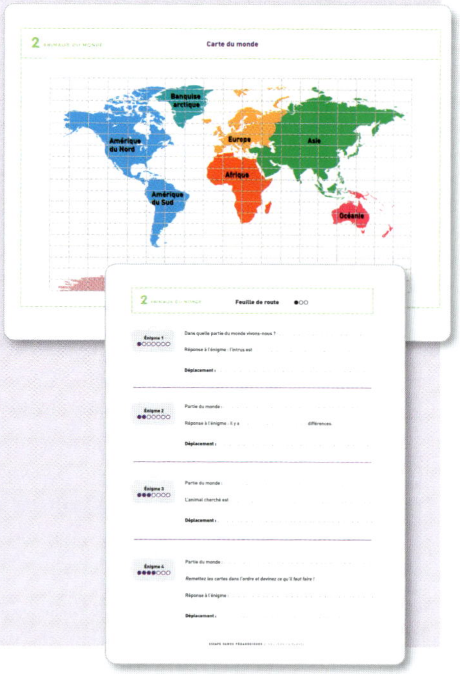

Il est nécessaire de prévoir du matériel d'écoute, la première énigme commence par les enregistrements audio des cris des animaux dont les fichiers MP3 sont fournis et à télécharger en avance.

Pour lancer cette première énigme, il faut répondre à la première question « Dans quelle partie du monde vivons-nous ? ».

Pour cela, les groupes peuvent s'aider de la carte donnée et éventuellement de documents déjà présents dans la classe.

Après quelques minutes de recherche, le MJ intervient et tous écrivent la bonne réponse : « l'Europe ».

Énigme 1 ●○○○○○○ ▽
L'Europe

Objectif

Les élèves doivent trouver l'intrus parmi 5 animaux proposés à travers l'écoute de leurs cris et la reconnaissance de leur photo. En même temps, un travail de lecture et d'observation permet d'associer les photos aux bons textes.

Déroulement

- L'énigme 1 s'intéresse aux animaux proches de chez nous, des animaux européens.
- Chaque groupe reçoit dix cartes : cinq photos d'animaux et cinq phrases.

- Les élèves écoutent les enregistrements de quatre cris d'animaux (disponibles en annexe et à télécharger en avance). S'agissant de la première énigme, il peut s'agir d'une écoute collective de toute la classe.
- Ils associent ensuite chaque cri à la bonne photo d'animal et au bon texte. Ils trouvent ainsi par déduction la photo et le texte intrus, c'est-à-dire l'animal que l'on n'entend pas.

Résolution

L'animal non entendu est le hibou.

Gestion de classe

Quand le groupe montre ou donne les deux cartes attendues au MJ, il reçoit une première pièce du tangram au choix et la carte *Itinéraire suivant* n° 1 « 3 Sud ».

Les élèves notent la réponse à l'**Énigme 1** sur la feuille de route puis utilisent la carte *Itinéraire suivant* gagnée pour avancer sur la carte du monde. Ils complètent alors la feuille de route avec leur prochaine destination (l'Afrique) qu'ils viennent annoncer au MJ.

Le groupe reçoit alors l'**Énigme 2**, c'est-à-dire les deux images de zébrures.

Si les élèves dépassent les 10 minutes sur 75 depuis le début du jeu, il est nécessaire de les aider.

Énigme 2 ●●○○○○○ ▽
L'Afrique

Objectif

Les élèves vont observer avec attention deux images de zébrures pour en donner leur nombre de différences.

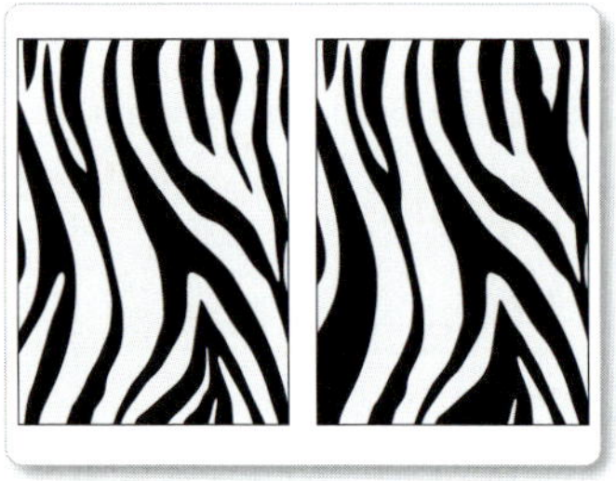

Déroulement

Le groupe se met d'accord sur le nombre de différences et l'annonce au MJ.

Résolution

Le nombre de différences est trois.

Gestion de classe

Quand le groupe annonce le nombre « 3 » au MJ, il reçoit un nouveau morceau de tangram au choix et la carte ***Itinéraire suivant*** n° 2 « 10 Sud ».

Comme pour l'**Énigme** 1, ils vont compléter leur feuille de route et se déplacer sur la carte du monde. Ils viennent alors dire au MJ dans quelle partie du monde ils sont arrivés. Cette fois-ci : en Antarctique.

Le groupe reçoit alors les sept cartes de cette énigme.

Si les élèves dépassent les 20 minutes depuis le début du jeu, il est nécessaire de les aider.

Énigme 3 ●●●○○○○

L'Antarctique

Objectif

Ici, les élèves doivent deviner un animal à l'aide de la lecture d'un portrait et d'observations de photos.

Déroulement

- Le groupe reçoit le portrait avec les six cartes d'animaux.

- Ils vont devoir identifier l'animal du portrait en s'aidant des cartes d'animaux proposées.

Aide possible : les textes doivent être lus avec attention. Le MJ peut faire lire à haute voix le portrait puis les indications sous les animaux.

Résolution

L'animal cherché est le manchot.

Gestion de classe

Le groupe indique la carte du manchot au MJ et reçoit une nouvelle pièce du tangram et la carte *Itinéraire suivant* n° 3 « 6 Nord – 6 Ouest ».

Ils remplissent leur feuille de route avec la réponse à l'**énigme 3** et avancent sur la carte du monde selon l'itinéraire remis. Ils viennent alors dire au MJ qu'ils arrivent en Océanie.

Le groupe reçoit alors les quatre cartes de cette énigme.

Si les élèves dépassent les 30 minutes depuis le début du jeu, il est nécessaire de les aider.

Énigme 4 ●●●●○○○ ▽

L'Océanie

Objectif

Cette énigme a pour but de faire découvrir les différentes étapes du début de vie du kangourou amenant les élèves à ordonner les éléments d'un calcul pour en trouver la bonne réponse.

Déroulement

- Le groupe reçoit les quatre cartes des étapes naturelles de reproduction du kangourou. Ces cartes contiennent chacune un morceau de calcul.

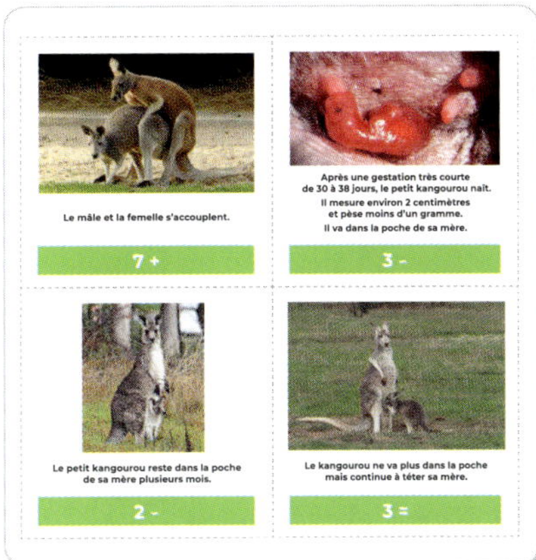

- L'ordre logique du début de vie du kangourou permet de reconstituer le bon calcul.

Aide possible : attention, il s'agit d'une véritable énigme. Le MJ ne doit pas préciser qu'il faut faire un calcul. C'est aux élèves de trouver d'eux-mêmes que la réponse à l'énigme est la solution du calcul.

Résolution

7 + 3 – 2 – 3 = 5.

Gestion de classe

Après avoir donné le nombre « 5 » au MJ, le groupe reçoit une pièce du tangram et la carte *Itinéraire suivant* n° 4 « 7 Nord - 3 Est ».

Ils remplissent la feuille de route avec la réponse à l'**énigme 4** et se déplacent sur la carte du monde. Ils arrivent en Asie et l'indiquent au MJ.

Si les élèves dépassent les 40 minutes sur 75 depuis le début du jeu, il est nécessaire de les aider.

Énigme 5 ●●●●●○○ ▽
L'Asie

Objectif

En reconstituant les mots découpés, les élèves doivent découvrir deux animaux dont leur régime alimentaire est opposé.

Déroulement

• Le groupe reçoit les treize cartes.

cha	tarien	taux	gé
ti	vore	vian	carni
	vé	végé	gre
		meau	de

• La réponse est attendue sur la feuille de route.

Aide possible : cette feuille de route peut aussi servir d'aide pour comprendre l'énigme.

Résolution

Animal	Régime alimentaire	Il mange surtout
chameau	végétarien	végétaux
tigre	carnivore	viande

Gestion de classe

Quand le groupe montre la feuille de route complétée comme attendu au MJ, il reçoit un nouveau morceau de tangram et la carte *Itinéraire suivant* n° 5 « 10 Est ».

Ils se déplacent ensuite sur la carte du monde. Ils arrivent en Amérique et l'indiquent au MJ.

Si les élèves dépassent les 50 minutes depuis le début du jeu, il est nécessaire de les aider.

Énigme 6 ●●●●●●○ ▽
L'Amérique

Objectif

En utilisant les caractéristiques physiques de la classification du vivant, les élèves doivent associer des portraits à des animaux. Ils vont ensuite faire preuve de raisonnement et de logique pour trouver le bon code.

Déroulement

• Le groupe reçoit les huit cartes de cette énigme.

araignée	fourmi
bison	ara
moule	escargot
piranha	tortue

- En s'aidant des cartes distribuées, les élèves remplissent leur feuille de route.
- En complétant les deux dernières questions, ils vont trouver le code.
- Chaque animal doit être associé à la bonne phrase, puis les initiales doivent être recopiées dans le bon ordre.

Aide possible : il faudra peut-être rappeler ce que signifie « initiale » et « rang ».

Résolution

J'ai quatre membres, des os et des poils.
Je suis un **bison**.

J'ai huit pattes. Je suis une **araignée**.

J'ai six pattes et deux antennes.
Je suis une **fourmi**.

J'ai quatre membres, des os et des plumes.
Je suis un **ara**.

J'ai une carapace. Je suis une **tortue**.

J'ai une coquille et un pied porteur.
Je suis un **escargot**.

J'ai une coquille en deux parties.
Je suis une **moule**.

J'ai des nageoires. Je suis un **piranha.**

Initiales dans l'ordre :
b - a - f - a - t - e - m - p

Rangs dans l'alphabet :
2 - 1 - 6 - 1 - 20 - 5 - 13 - 16

Gestion de classe

Quand le groupe montre le code attendu au MJ, il reçoit l'avant-dernier morceau de tangram et la carte *Itinéraire suivant* n° 6 : « 4 Ouest - 4 Nord ».

Les élèves complètent la feuille de route et annoncent alors au MJ qu'ils arrivent sur la banquise arctique.

Le groupe reçoit alors les dix-neuf cartes de cette énigme.

Si les élèves dépassent les 60 minutes sur 75 depuis le début du jeu, il est nécessaire de les aider.

Énigme 7 ●●●●●●● ▽
La banquise arctique

Objectif

Les élèves doivent compléter un tableau à double entrée associant mâles, femelles et petits d'une même espèce pour trouver la lettre cachée.

Déroulement

- Chaque groupe reçoit ces dix-neuf cartes. Certaines cartes sont sur fond de couleur.

- Chaque carte permet de compléter une case du tableau de la feuille de route.
- Quand le tableau est complété, les cartes sur fond de couleur permettent de visualiser la lettre cachée.

Résolution

La lettre à trouver est un « E ».

Mâle	Femelle	Petit	Photo
renard polaire	**renarde** polaire	**renardeau** polaire	
ours polaire	**ourse** polaire	**ourson** polaire	
lièvre arctique	**hase** arctique	**levraut** arctique	
loup arctique	louve arctique	**louveteau** arctique	
lion de mer	lionne de mer	**lionceau** de mer	
éléphant de mer	**éléphante** de mer	**éléphanteau** de mer	

Aide possible : le MJ peut préciser que la lettre est reconnaissable quand les mots sont aux bons endroits.

Gestion de classe

Quand le groupe montre le tableau complété correctement, ainsi que la lettre réponse (E) au MJ, il reçoit le dernier morceau de tangram et la carte de la consigne finale.

Si les élèves dépassent les 70 minutes sur 75 depuis le début du jeu, il est nécessaire de les aider.

Énigme finale ●●●●●●●● ▼

Le tangram

Objectif

Les équipes doivent former l'animal donné en modèle : un lapin, un cheval, un renard, un corbeau, un poisson ou une tortue.

Déroulement

Ayant récupéré les 7 pièces du tangram, les élèves sont invités à reconstituer l'animal de leur choix donné en modèle.

Gestion de classe

→ Pour les premiers groupes ayant terminé

Les premiers à avoir réussi l'*escape game* pourront reproduire d'autres modèles de tangram, puis en créer.

Selon leur motivation, il est possible de proposer de résoudre des énigmes supplémentaires : voir la partie **Énigmes – BONUS** page 84.

On peut terminer la séance en distribuant le **diplôme de réussite ou de participation** à chaque élève.

Pour cet *escape game*, il n'est pas nécessaire d'utiliser une **feuille récapitulative** car chaque groupe est déjà pourvu d'une feuille de groupe. Il convient en revanche de la photocopier pour que chaque élève ait une trace de son *escape game*.

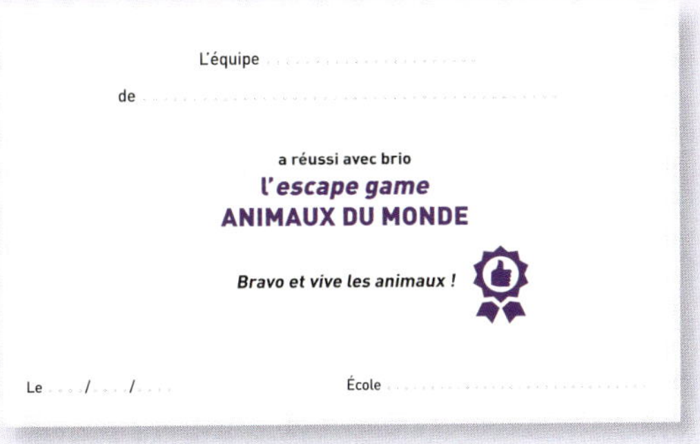

L'équipe ....

de ....

a réussi avec brio

l'*escape game*

ANIMAUX DU MONDE

Bravo et vive les animaux !

Le ..../..../.... École ....

2 ANIMAUX DU MONDE **Feuille de route** corrigée

Énigme 1

Dans quelle partie du monde vivons-nous ? **L'Europe**

Réponse à l'énigme : l'intrus est **le hibou**

Déplacement : 3 SUD

Énigme 2

Partie du monde : **L'Afrique**

Réponse à l'énigme : il y a **3** différences.

Déplacement : 10 SUD

Énigme 3

Partie du monde : **L'Antarctique**

L'animal cherché est **le manchot.**

Déplacement : 6 NORD – 6 OUEST

Énigme 4

Partie du monde : **L'Océanie**

Réponse à l'énigme : **5**

Déplacement : 7 NORD – 3 OUEST

ESCAPE GAMES PÉDAGOGIQUES

→ Prolongements possibles

- les parties du monde (la banquise n'est pas un continent, ce n'est pas de la terre...)
- écouter le cri du hibou et d'autres animaux
- les différences entre grenouille et crapaud, chouette et hibou, manchot et pingouin
- les verbes et noms des cris travaillés (hennir et hennissement)
- les zébrures (combinaisons uniques, rayures portées par les zèbres et d'autres animaux, fonction des zébrures : camouflage, thermorégulation, interactions sociales ?)
- les régimes alimentaires : végétarien, carnivore, voire aussi omnivore, détritivore (déchets et matière organique en décomposition), limivore (matière organique présente dans la boue et la terre), coprophage (excréments), suspensivore (petites particules organiques présentes dans l'eau)
- mâles, femelles et petits d'autres espèces d'animaux en faisant remarquer que le genre du nom ne correspond pas forcément au sexe de l'animal (la grenouille peut être un mâle, le crapaud, une femelle, et ils ne sont pas de la même espèce...)
- les vitesses de déplacement
- les habitats
- les espèces menacées...

À partir de la fin du **CP**

3 NOTRE ALIMENTATION

Cet *escape game* est conçu comme un *escape room* à mettre en place dans la salle du restaurant scolaire : les élèves doivent fouiller la pièce pour trouver les indices nécessaires.
Il peut aussi être utilisé sous sa forme simplifiée sur table, avec seulement des photocopies : ce qui peut permettre de faire jouer une classe entière en même temps.

PITCH

Il peut être donné seulement à l'oral, car il est très simple.

« Vous êtes enfermés dans cette pièce jusqu'à ce que vous trouviez le code à trois chiffres qui vous permet d'ouvrir le cadenas de la porte. Vous avez 60 minutes. »

CONCEPT

Cet *escape game* utilise quatre énigmes, chacune, associée à une couleur (rouge, noir, violet et blanc). Chaque énigme apporte un chiffre qui, utilisé comme demandé, permettra d'obtenir la combinaison du cadenas.
Les cartes nécessaires aux énigmes sont préalablement cachées. Leur couleur permet de les associer à la bonne énigme. Les cartes d'aide sont gardées par le MJ.

OBJECTIFS GÉNÉRAUX

Il permet de travailler le thème de l'alimentation, avec un accent mis sur les menus équilibrés et les légumes. Les élèves révisent aussi les continents, effectuent quelques calculs, et résolvent de vraies énigmes.

QUID DES PROGRAMMES DE 2020 ?

Côté cycle 2, ils parlent de « variété alimentaire », de « catégories d'aliments », et de « la notion d'équilibre alimentaire ». Côté cycle 3, il s'agit de « répondre à ses besoins alimentaires » et surtout d'« hygiène alimentaire ».

ACTIVITÉS EN AMONT POSSIBLES

Il peut être utile d'avoir déjà travaillé sur les recommandations du Programme national nutrition santé (PNNS), mais cela n'est pas une obligation.

TEMPS DONNÉ

Le temps prévu, 60 minutes, peut être réduit à 50 minutes si, par exemple, les indices ne sont pas cachés ou si les joueurs sont expérimentés.
Il n'est pas utile que chaque groupe finisse dans le temps imparti. Il sera même plus intéressant que certains groupes réussissent et pas d'autres.

CONSEILS

Il y a en tout cinq énigmes plus ou moins faciles. Les quatre premières peuvent être résolues en parallèle : le MJ peut encourager le groupe à créer des sous-groupes.
À l'inverse, il ne faut pas que les élèves soient démotivés. Au besoin, le MJ interviendra en donnant des coups de pouce.

3 NOTRE ALIMENTATION

MATÉRIEL

À imprimer en avance.

14 annexes à télécharger

- **Feuille récapitulative (et son corrigé)**
- **La carte Cadenas**
- **Diplômes de participation et de réussite**
- **À prévoir en plus le jour J : une fourchette, une cuillère et une assiette**
- **Énigme 1 :** les cartes rouges (aliments, le grand tableau et l'aide)
- **Énigme 2 :** les cartes noires (les balances et l'aide)
- **Énigme 3 :** les cartes violettes (les 12 actions et la consigne)
- **Énigme 4 :** les cartes blanches (la consigne à décoder, les codes à coller et l'aide)
- **Énigme finale :** les cartes jaunes (l'énigme et son aide).

Gestion de classe

Cet *escape game* nécessite quelques petites préparations. Il ne faut pas oublier de coller à l'avance les codes adéquats sur la fourchette, la cuillère et l'assiette, fournis en annexe.

C'est plus sympa de jouer dans une vraie salle en cachant les cartes de couleur.

Quelques idées de cachette : scotchées sous une table, sous la partie d'un meuble, dans un tiroir, dans la poche d'un vêtement, sous un paquet de feuilles...

Le verrouillage est symbolisé par un cadenas à trois chiffres, réel ou dessiné, accroché à la poignée d'une porte. Il peut aussi être mis sur une porte de placard contenant la clé de la porte.

Le MJ garde les cartes d'aide et la liste des cachettes sur laquelle il note ce qui a été découvert. Il peut aider à trouver tout ce qui est nécessaire.

S'il en ressent le besoin, il peut ajouter qu'il faut d'abord fouiller la pièce pour trouver les indices, ensuite réfléchir ensemble pour résoudre les énigmes. Il y a quatre énigmes assez faciles à distinguer qui permettent de résoudre l'énigme finale.

Le petit plus : le code pour rentrer

Les élèves vont vouloir sortir de la pièce, mais ils veulent d'abord entrer dedans ! Il est possible d'exiger que chacun reproduise une rythmique corporelle montrée par le MJ pour bénéficier de ce droit.

Énigme 1 Rouge

Objectif

Les élèves catégorisent les aliments selon leur groupe alimentaire et composition nutritionnelle pour faire apparaître un mot écrit qui est le premier chiffre à deviner.

Déroulement

- Les élèves doivent retrouver à la fois les 24 cartes « aliments » au bord rouge éparpillées ainsi que la grande carte « Classification ». Ces cartes doivent être découpées selon les pointillés indiqués.

- Ils vont ensuite remplir le tableau.

Aide possible : s'il en ressent le besoin, le MJ peut intervenir et donner la carte d'aide de cette énigme qui préremplit le tableau.

- Les aliments se rangent dans un certain ordre. Ce qui permet de faire apparaître le mot-chiffre en arrière-plan.
- Certains aliments sont présents deux fois pour pouvoir insister en classe sur leurs différents apports nutritionnels.

Résolution

Le mot « **QUATRE** » est formé.

Énigme 2 Noire

●●○○ ▽

Objectif

Ici, les élèves vont analyser différentes représentations de balances de Roberval pour comparer des masses de fruits à coque. L'importance de ces fruits pour la santé sera à évoquer plus tard en classe.

Déroulement

- Une fois que les élèves ont trouvé la carte au bord noir, ils vont pouvoir se pencher sur l'énigme.

- C'est une énigme simple de déduction, mais au besoin une carte aide est disponible.

Résolution

La noix est plus lourde que l'amande qui est plus lourde que la noisette. La noix est donc le fruit le plus lourd. Le mot « noix » est formé de quatre lettres.

Réponse : **4**.

Énigme 3 Violette

●●●○ ▽

Objectif

Cette énigme permet aux élèves de déterminer quelles actions sont bonnes ou mauvaises pour leur santé.

Déroulement

- Après avoir trouvé les treize cartes violettes dont la carte de consigne, les élèves vont trier les cartes selon leur action sur la santé.
- La carte consigne leur demande de compter le nombre d'actions bonnes pour la santé, leur donnant le dernier nombre à trouver.

Résolution

Actions plutôt bonnes pour la santé	Actions plutôt mauvaises pour la santé
manger des fruits et des légumes	manger trop de viande
manger des légumes secs (lentilles, fèves, haricots...)	boire de l'alcool
manger des fruits à coque (noix, noisette, amandes...)	manger des produits trop sucrés (glaces, sirops, pâtisseries...)
manger ce qui est cuisiné à la maison	manger des produits trop salés (snacks d'apéritifs, produits surgelés...)
faire de l'activité physique	manger des produits trop gras (chips, charcuterie, frites...)
bien dormir	manger des produits ultra-transformés (qui ont été faits dans des usines)

Il y a six étiquettes dans la catégorie « plutôt bon pour la santé ».

Réponse : **6**.

Énigme 4 Blanche

Objectif

Pour résoudre cette énigme, les élèves vont décoder un code pour retrouver le dernier nombre manquant.

Déroulement

- Au préalable, il faut avoir collé les différents codes sur les ustensiles de cuisine (assiette, fourchette, et cuillère) en utilisant l'annexe fournie.
- Les élèves vont ensuite trouver les ustensiles sur lesquels sont placés les codes. Ainsi que la carte consigne blanche qui doit se trouver cachée à proximité.

Aides possibles : si les élèves ont un peu de mal à décoder, une carte d'aide est disponible. Le MJ est libre de la distribuer quand il le veut.

Résolution

Le code « # ° : ^ ! » donne « TROIS ».

Réponse : **3**

Énigme finale

Objectif

En associant une couleur à un nombre, les élèves additionnent les réponses pour trouver la combinaison.

Déroulement

- Les élèves doivent avoir trouvé l'énigme finale jaune au cours de leurs fouilles de la pièce.
- Au fur et à mesure de leur résolution d'énigmes, ils ont obtenu un nombre pour chacune des quatre énigmes, ils peuvent alors se pencher sur la résolution finale.

Aide possible : au besoin, le MJ peut distribuer la carte d'aide associée.

Résolution

? + ? = rose

rouge + blanc = 4 + 3 = 7

? + ? = gris

noir + blanc = 4 + 3 = 7

? + ? = parme

violet + blanc = 6 + 3 = 9

Mon tout donne trois chiffres qui permettent la liberté : **779**.

Gestion de classe

→ Pour les premiers groupes ayant terminé

Si plusieurs groupes résolvent les énigmes en même temps, les premiers à avoir fini pourront chercher de nouveaux aliments à mettre dans les six catégories de l'énigme rouge.

Ils pourront aussi s'amuser à coder ou décoder des mots avec le code (à finir d'inventer) de l'énigme blanche. Ils peuvent aussi essayer de résoudre des énigmes supplémentaires – voir la partie **Énigmes – BONUS** page 84.

On peut terminer la séance en distribuant le **diplôme de réussite ou de participation** à chaque élève.

L'équipe ....

de ....

a réussi avec brio

l'escape game

NOTRE ALIMENTATION

Bravo et mangez équilibré !

Le ..../..../....   École ....

L'équipe ....

de ....

a participé à

l'escape game

NOTRE ALIMENTATION

Vous avez été courageux... Mangez équilibré !

Le ..../..../....   École ....

La **Feuille récapitulative** proposée permettra de revoir ultérieurement toutes les notions utilisées dans cet *escape game*. Elle pourra être complétée seul ou à deux, puis être corrigée en oral collectif.

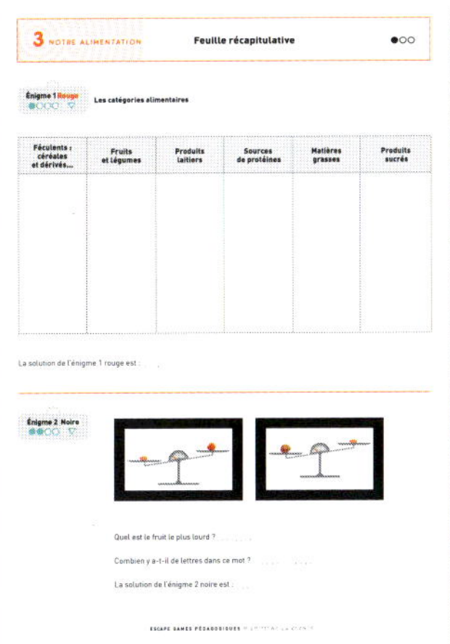

→ Prolongements possibles

- Si cela n'a pas été fait en amont, il est important de travailler les repères relatifs à l'alimentation du Programme national nutrition santé (PNNS), ainsi que ceux relatifs à l'activité physique et à la sédentarité.
- Pour de trop nombreux élèves, le mot « céréales » évoque ce qu'ils sortent d'une boîte pour leur petit-déjeuner. Il est intéressant de revenir sur cette notion, notamment avec le blé qui devient farine...
- D'autres thèmes en lien peuvent être abordés : la nécessaire baisse de consommation de viande (poissons, œufs et produits laitiers) pour des raisons écologiques et sanitaires, la digestion, le fonctionnement du restaurant scolaire et d'un restaurant non scolaire (les deux pouvant être mis en parallèle)...
- L'énigme violette évoque le besoin de pratiquer des activités physiques et de bien dormir. Ces deux thèmes peuvent être travaillés plus en détail.

À partir de la fin du **CP**

4 PERDUS DANS LA FORÊT MAGIQUE

Cet *escape game* permet de nombreux apprentissages transversaux notamment dans les domaines « Questionner le monde » et « Mathématiques ». Il ne nécessite que des photocopies : ce qui peut permettre de faire jouer une classe entière en même temps.

PITCH

Il peut être donné seulement à l'oral, car il est très simple.

**« Vous vous êtes égarés dans une forêt magique.
Résolvez les énigmes du petit lutin pour retrouver votre chemin.
Vous avez 60 minutes pour sortir de la forêt en pleine forme. »**

CONCEPT

Cet *escape game* est progressif. Toutes les énigmes sont indépendantes, mais elles doivent être résolues les unes après les autres. C'est un lutin qui va apporter les énigmes centrées sur ce monde qui entoure les élèves.

OBJECTIFS GÉNÉRAUX

Cet *escape game* permet notamment de travailler l'orientation (avec les points cardinaux), les empreintes des animaux, la chronologie, les arbres et champignons, les outils du bûcheron, les étoiles visibles, quelques contes, ainsi que des problèmes mathématiques, et comment survivre en forêt (s'orienter, s'hydrater sans risque, se tenir au chaud, manger).

ACTIVITÉS EN AMONT POSSIBLES

Il est nécessaire d'avoir lu les contes *Le Petit Chaperon rouge*, *Les Trois Petits Cochons*, *Le Petit Poucet* et *Hansel et Gretel*.

Il peut être utile d'avoir déjà travaillé les points cardinaux, les stalactites et stalagmites, et le vocabulaire autour des champignons.

QUID DES PROGRAMMES DE 2020 ?

Les objectifs généraux de « Questionner le monde » sont, d'une part, de permettre aux élèves de construire des connaissances nécessaires pour décrire et comprendre le monde qui les entoure et développer leur capacité à raisonner et, d'autre part, de contribuer à leur formation de citoyens.
Quelques compétences citées :

- connaître des caractéristiques du monde vivant, ses interactions, sa diversité ;
- développer un comportement responsable vis-à-vis de l'environnement et de la santé grâce à une attitude raisonnée fondée sur la connaissance ;
- se repérer dans l'espace et le représenter ;
- repérer et situer quelques événements dans un temps long ;
- construire des repères spatiaux : se repérer, s'orienter et se situer dans un espace géographique, utiliser et produire des représentations de l'espace ;
- construire des repères temporels : ordonner des événements, mémoriser quelques repères chronologiques.

Côté mathématiques, « s'engager dans une démarche de résolution de problèmes » est une compétence centrale.

TEMPS DONNÉ

Le temps prévu, 60 minutes, peut être réduit à 50 minutes si, par exemple, les joueurs sont expérimentés. Il n'est pas utile que chaque groupe finisse dans le temps imparti. Il sera même plus intéressant que certains groupes réussissent et pas d'autres. Au besoin, le maître du jeu (MJ) peut donner des coups de pouce sous forme d'aide ou de conseil.

CONSEILS

Prévoir des groupes hétérogènes avec au moins un enfant « lecteur » par groupe. L'espace prévu entre deux groupes doit être suffisamment grand pour éviter d'entendre ce qui est dit à côté.

4 PERDUS DANS LA FORÊT MAGIQUE

MATÉRIEL **16 annexes à télécharger**

À imprimer en avance.

- **Feuille récapitulative (et son corrigé)**
- **Diplômes de participation et de réussite**
- **Énigme 1 :** la carte du lutin
- **Énigme 2 :** la carte du lutin, le tableau à compléter et les 10 images à placer
- **Énigme 3 :** la carte du lutin et des points
- **Énigme 4 :** la carte du lutin
- **Énigme 5 :** la carte du lutin et les 9 images
- **Énigme 6 :** la carte du lutin et le puzzle circulaire
- **Énigme 7 :** la carte du lutin et le vocabulaire du champignon
- **Énigme 8 :** la carte du lutin et les 12 éléments

Gestion de classe

Pour cet *escape game*, un petit lutin accompagne les groupes pour les guider dans les énigmes.

Le maître du jeu (MJ) risque de devoir intervenir régulièrement si les élèves ont des difficultés en lecture.

Il peut être utile d'expliquer aux plus jeunes qu'il faut bien lire et réfléchir ensemble pour résoudre les 8 énigmes.

Énigme 1 ●○○○○○○○

Objectif

Pour cette énigme, les élèves vont utiliser l'ordre chronologique et les points cardinaux.

Déroulement

- Le MJ rappelle le pitch de départ : « *Vous êtes perdus dans une forêt. Votre premier réflexe est de marcher pour en sortir. Mais encore faut-il aller dans la bonne direction !* »
- Il distribue ensuite la première carte du lutin avec son énigme.

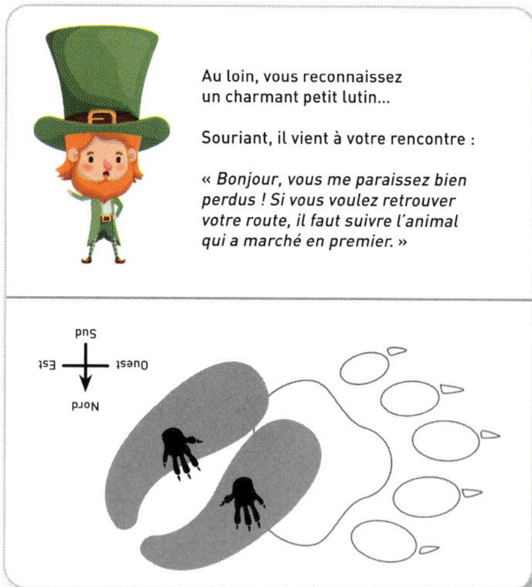

- Les élèves vont devoir identifier qui a marché en premier pour trouver la direction.

Résolution

L'animal qui est passé en premier a son empreinte en dessous de celles des autres. C'est l'ours qui est allé en direction de l'ouest (ensuite sont passés une vache et un hérisson).

Gestion de classe

Si les élèves dépassent les 7 minutes depuis le début du jeu, il est nécessaire de les aider.

Énigme 2 ●●○○○○○○

Objectif

Ici, les élèves doivent compléter un tableau en associant correctement arbres, coupes de tronc et feuilles pour pouvoir se désaltérer.

Déroulement

- Le MJ distribue aux élèves la carte lutin, puis le tableau à compléter avec les images.
- Les élèves vont seuls remplir le tableau en posant les images. Le MJ viendra ensuite valider leur proposition.

Résolution

Arbre	Coupe de son tronc	Feuilles
Saguaro d'Amérique du nord		
Bananier d'Amérique du sud		
Bambou d'Asie		
Cocotier d'Afrique		
Chêne pédonculé d'Europe		

Gestion de classe

Si les élèves dépassent les 15 minutes depuis le début du jeu, il est nécessaire de les aider.

Énigme 3 ●●●○○○○○

Objectif

Lors de cette résolution d'énigme, les élèves doivent trouver le point désigné grâce à une rose des vents et des indications de position dans l'espace.

Déroulement

- Les élèves reçoivent la carte de l'énigme du lutin.

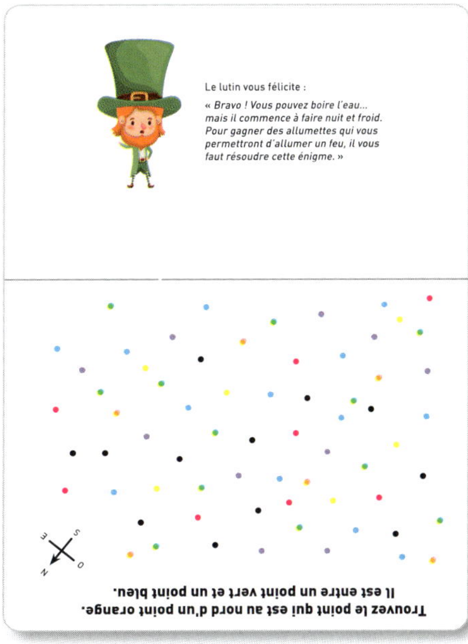

Résolution

Il s'agit d'un point rose.

4 PERDUS DANS LA FORÊT MAGIQUE (suite)

Gestion de classe

Si les élèves dépassent les 25 minutes depuis le début du jeu, il est nécessaire de les aider.

Énigme 4 ●●●●○○○○

Objectif

Les élèves doivent résoudre deux petits problèmes mathématiques.

Déroulement

- Le MJ distribue aux élèves la carte du lutin de la quatrième énigme.
- Cette fois, les élèves résolvent les deux problèmes de logique en effectuant les calculs appropriés pour se mettre à l'abri.

Le lutin vous félicite :

*« Bravo ! Vous allez pouvoir faire du feu et avoir une torche…
mais ça ne suffira à vous réchauffer.
Il va faire froid cette nuit.
Si vous résolvez mes deux énigmes, je vous indiquerai une grotte où vous pourrez vous installer pour la nuit. »*

1 : Il y a 9 stalactites et stalagmites en tout. Il y a deux fois plus de stalactites que de stalagmites.
Combien y a-t-il de stalactites ?

2 : Il y a des chevaux et des rhinocéros à deux cornes. On peut compter 20 pattes et 6 cornes.
Combien y a-t-il de chevaux ?

Résolution

Il y a six stalactites (et trois stalagmites).

Il y a deux chevaux (et trois rhinocéros).

Gestion de classe

Si les élèves dépassent les 40 minutes depuis le début du jeu, il est nécessaire de les aider.

Énigme 5 ●●●●●○○○

Objectif

Pour résoudre cette énigme, les élèves doivent trouver à quelles fonctions correspondent neuf outils de bûcheron.

Déroulement

- Pour continuer leurs aventures, le MJ distribue aux élèves les deux parties de l'énigme 5, c'est-à-dire la carte du lutin, et les 9 étiquettes d'outils.

Le lutin vous félicite :

« Bravo ! Vous êtes dans la grotte, vous pouvez faire du feu. Il ne vous reste plus qu'à couper quelques branchages pour vous installer confortablement. Pour cela, trouvez quels outils de bûcheron correspondent à chaque fonction. »

Un outil pour enfoncer	Deux outils pour mesurer
Un outil pour saisir	Deux outils ou équipements pour protéger
Trois outils pour couper	

- Les élèves complètent le tableau en associant les bons outils de bricolage à leur fonction.

Résolution

- Un outil pour enfoncer : le marteau.
- Un outil pour saisir : le crochet.
- Deux outils pour mesurer : le mètre ruban et le bastringue.
- Deux outils pour se protéger : le casque et les gants.
- Trois outils pour couper : la scie, la hache et la tronçonneuse.

Gestion de classe

Si les élèves dépassent les 45 minutes depuis le début du jeu, il est nécessaire de les aider.

Énigme 6 ●●●●●●○○

Objectif

Ici, les élèves doivent trouver les noms des deux constellations très connues grâce à un puzzle circulaire.

Déroulement

- Les élèves reçoivent les morceaux de puzzle et la carte du lutin.

Le lutin vous félicite :

« Bravo ! Vous allez pouvoir vous réchauffer et vous reposer. Si vous trouvez la réponse à ma nouvelle devinette, je vous apporterai des sacs de couchage.

Comment s'appellent les deux constellations en forme de casseroles qui permettent de repérer l'étoile polaire, le nord ? »

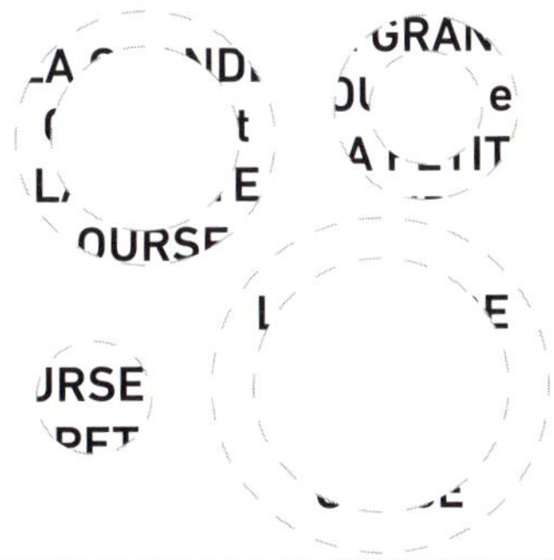

Résolution

Il faut retrouver « La Grande Ourse » et « La Petite Ourse ».

Énigme 7 ●●●●●●●○

Objectif

Pour cette énigme, les élèves vont reconnaître un champignon en utilisant le vocabulaire spécifique nécessaire.

Déroulement

- Les élèves reçoivent l'avant-dernière énigme du lutin ainsi que la feuille de vocabulaire descriptif du champignon.

Le lutin arrive avec un panier de champignons :

« J'imagine que vous avez faim. Tenez, profitez-en. Mais encore faut-il savoir lequel est comestible ! Trouvez celui qui est décrit et vous gagnerez de quoi manger. »

J'ai un chapeau convexe avec des lames dessous.
Mon pied est clave et mes anneaux sont descendants.

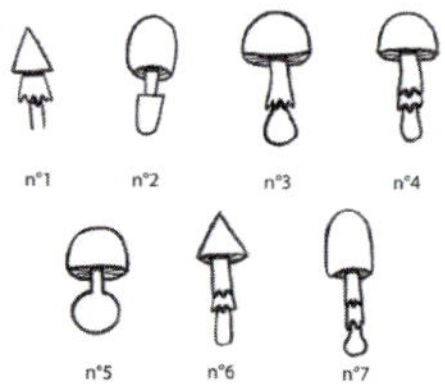

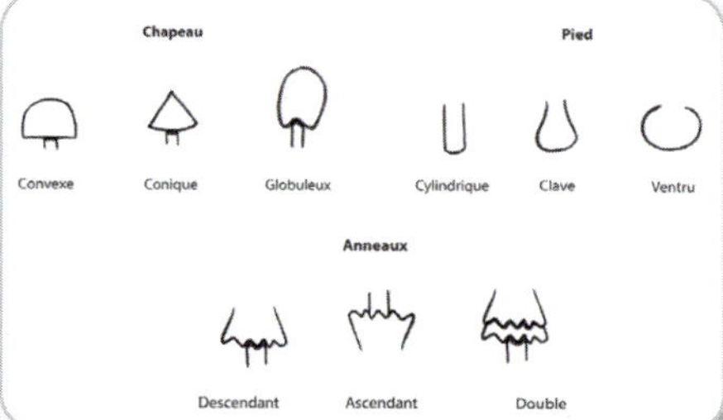

- Ils doivent lire attentivement la description, s'appuyer sur le lexique fourni pour retrouver le champignon attendu.

Résolution

Le champignon décrit est le n° 3.

Énigme 8 ●●●●●●●●

Objectif

Ici, les élèves doivent se remémorer quatre contes étudiés pour retrouver quatre sentiments.

Déroulement

- Les élèves reçoivent la carte du lutin et les 12 cartes mots à replacer.

Le lutin est très fier de vous !
Il s'approche et annonce :

« Vous avez l'air en forme ! Bien reposés et rassasiés ! Vous allez pouvoir quitter la grotte et retrouver le bon chemin pour sortir de la forêt. Résolvez ma dernière énigme, et je vous guiderai à travers la forêt. »

Le Petit Chaperon rouge	Les Trois Petits Cochons	Le Petit Poucet	Hansel et Gretel

panier J	sorcière RE	chasseur E
brique EU	grand-mère OI	frère CO
ogre SSE	pain STE	cailloux TRI
souffle R	sœur LÈ	paille P

- En associant correctement chaque élément à son conte, les élèves font apparaître les différentes lettres d'un mot qui est un sentiment.

Aide possible : le MJ peut aider les élèves à mettre dans l'ordre les lettres s'il remarque que les élèves ont du mal à le faire seuls.

Résolution

Les quatre sentiments attendus sont : JOIE, PEUR, TRISTESSE, COLÈRE.

Le Petit Chaperon rouge	Les Trois Petits Cochons	Le Petit Poucet	Hansel et Gretel
panier J	paille P	cailloux TRI	frère CO
grand-mère OI	brique EU	pain STE	sœur LÈ
chasseur E	souffle R	ogre SSE	sorcière RE

Gestion de classe

→ Pour les premiers groupes ayant terminé

L'énigme finale résolue, il est possible de proposer de résoudre des énigmes supplémentaires : voir la partie **Énigmes – BONUS** page 84.

On peut terminer la séance en distribuant le **diplôme de réussite ou de participation** à chaque élève.

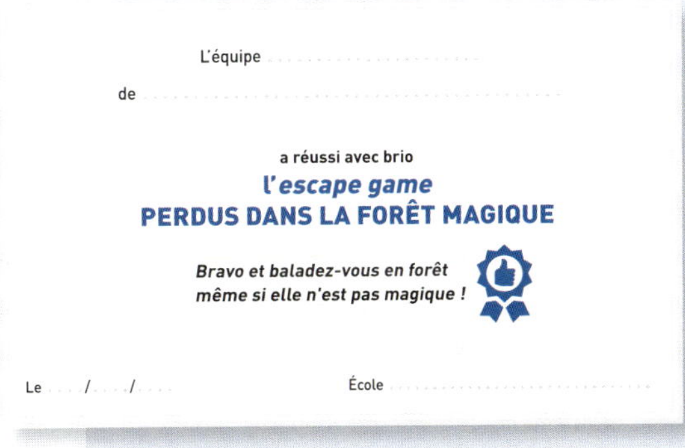
L'équipe ....
de ....
a réussi avec brio
l'escape game
PERDUS DANS LA FORÊT MAGIQUE
Bravo et baladez-vous en forêt même si elle n'est pas magique !
Le ..../..../....   École ....

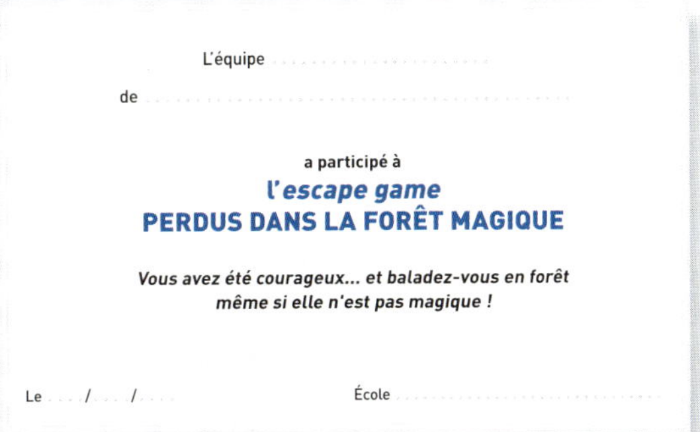
L'équipe ....
de ....
a participé à
l'escape game
PERDUS DANS LA FORÊT MAGIQUE
Vous avez été courageux... et baladez-vous en forêt même si elle n'est pas magique !
Le ..../..../....   École ....

La **Feuille récapitulative** proposée permettra de revoir ultérieurement toutes les notions utilisées dans cet *escape game.*

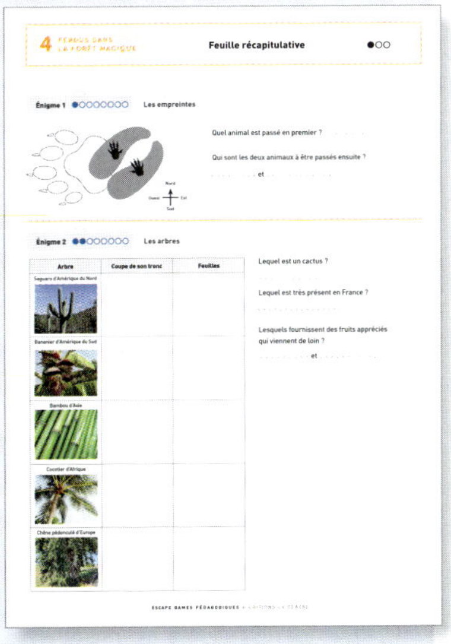
4 PERDUS DANS LA FORÊT MAGIQUE — **Feuille récapitulative**

Énigme 1 Les empreintes

Quel animal est passé en premier ? ....
Qui sont les deux animaux à être passés ensuite ?
.... et ....

Énigme 2 Les arbres

Arbre	Coupe de son tronc	Feuilles
Saguaro d'Amérique du Nord		
Bananier d'Amérique du Sud		
Bambou d'Asie		
Cocotier d'Afrique		
Chêne pédonculé d'Europe		

Lequel est un cactus ? ....
Lequel est très présent en France ? ....
Lesquels fournissent des fruits appréciés qui viennent de loin ?
.... et ....

ESCAPE GAMES PÉDAGOGIQUES

→ Prolongements possibles

- les points cardinaux
- d'autres empreintes d'animaux
- reprendre les arbres de la seconde énigme - saguaro (un cactus) d'Amérique du Nord, bananier d'Amérique du Sud, bambou d'Asie, cocotier d'Afrique et chêne pédonculé d'Europe – pour les situer sur une carte du monde
- le cycle de l'eau naturel, puis le cycle de l'eau domestique pour comprendre comment l'eau devient potable
- la formation des stalactites et stalagmites
- les peintures rupestres, les animaux préhistoriques les plus représentés
- les outils du bûcheron, le métier de forestier
- un peu d'astronomie
- les champignons
- d'autres contes
- d'autres sentiments et émotions : honte, timidité...

À partir de la fin du **CP**

5 LA MAISON ÉCOLO

Cet *escape game*, ou *escape house*, est conçu comme un puzzle, où chaque pièce représente une partie de la maison. Il peut être organisé sur table avec seulement des photocopies : ce qui peut permettre de faire jouer une classe entière en même temps.

PITCH

Il peut être donné seulement à l'oral, car il est très simple.

« Bienvenue dans cette maison. Il va falloir résoudre six énigmes pour la rendre plus écolo. Une énigme se cache dans chaque pièce et vous permettra de comprendre votre propre empreinte écologique. Vous avez 45 minutes pour résoudre toutes les énigmes. »

CONCEPT

Cet *escape game* représente la maison à la manière d'un puzzle. Les élèves avancent ainsi, pièce après pièce, et découvrent comment améliorer leur empreinte écologique.

La maison est découpée en six pièces dont certaines contiennent plusieurs petites énigmes.

OBJECTIFS GÉNÉRAUX

Travaillant le thème du développement durable (économie d'eau et d'énergie, achats, moyens de transports), les élèves sont sensibilisés aux différents moyens possibles pour diminuer leur empreinte écologique sur l'environnement. Ils vont devoir lire avec attention, effectuer des déplacements codés et des calculs, résoudre des charades et rébus, utiliser un tableau à double entrée pour résoudre toutes les énigmes.

ACTIVITÉS EN AMONT POSSIBLES

Aucune activité n'est vraiment nécessaire. Cet *escape game* peut plutôt être un préalable à une étude plus approfondie du thème du développement durable (voir les prolongements possibles).

Il est en revanche utile de réviser la notion de voyelles et d'évoquer les grands nombres (avec des centaines et des milliers) avant de jouer.

CONSEILS

Prévoir des groupes hétérogènes avec au moins un enfant « lecteur » par groupe.

L'espace prévu entre deux groupes doit être suffisamment grand pour éviter d'entendre ce qui est dit à côté.

QUID DES PROGRAMMES DE 2020 ?

Dans le programme d'Enseignement moral et civique de l'école cycle 2 – Construire une culture civique – Développer le sens de l'intérêt général, il est noté « Initiation au développement durable ». En 2020, ont été rajoutés, entre autres, « sensibilisation aux biens communs (ressources naturelles, biodiversité, etc.) » et « actions concernant l'éducation au développement durable, au service de la prise de conscience écologique, qui ont vocation à contribuer à la culture de l'engagement individuel comme collectif, citoyen avant tout, au service du respect et de la protection de l'environnement à toutes les échelles, et à court et moyen termes. »

Côté cycle 3, Ils parlent de « préservation de l'environnement ». Il est aussi noté « la nécessité de faire comprendre aux élèves l'impératif d'un développement durable et équitable » et, entre autres, de se demander « Comment améliorer le développement durable ? » et de faire « réfléchir aux choix des acteurs dans les politiques de développement durable ».

TEMPS DONNÉ

Il n'est pas utile que chaque groupe finisse dans le temps imparti. Il sera même plus intéressant que certains groupes réussissent et pas d'autres. Au besoin, le maître de jeu (MJ) peut donner des coups de pouce.

Le temps prévu, 45 minutes, peut être réduit à 35 minutes, pour les joueurs plus âgés et/ou expérimentés.

5 LA MAISON ÉCOLO

MATÉRIEL **21 annexes à télécharger**

À préparer et imprimer en avance.

- → **Feuille récapitulative (et son corrigé)**
- → **Les six morceaux du logement**
- → **Le plan de la maison à compléter**
- → **Les cartes « Les bons réflexes »**
- → **Diplômes de participation et de réussite**
- → **Énigme 1 : La chambre**
- → **Énigme 2 : La salle de bain :** partie 1 et partie 2
- → **Énigme 3 : La cuisine :** partie 1 et partie 2
- → **Énigme 4 : La salle à manger**
- → **Énigme 5 : Le salon**
- → **Énigme finale : L'entrée**

Gestion de classe

Dans cet *escape game*, les trois premières énigmes (chambre, salle de bain et cuisine) sont indépendantes. La salle à manger permet de déverrouiller le salon qui donne accès à l'entrée pour sortir de la maison.

Nous vous recommandons de suivre l'ordre logique proposé pour faciliter la gestion de classe.

Certaines énigmes sont en deux parties, le maître du jeu (MJ) est invité à d'abord distribuer à chaque groupe la partie 1 de l'énigme.

À chaque résolution, les élèves remportent une carte « Les bons réflexes » ainsi qu'une illustration de pièce à coller sur le plan de la maison.

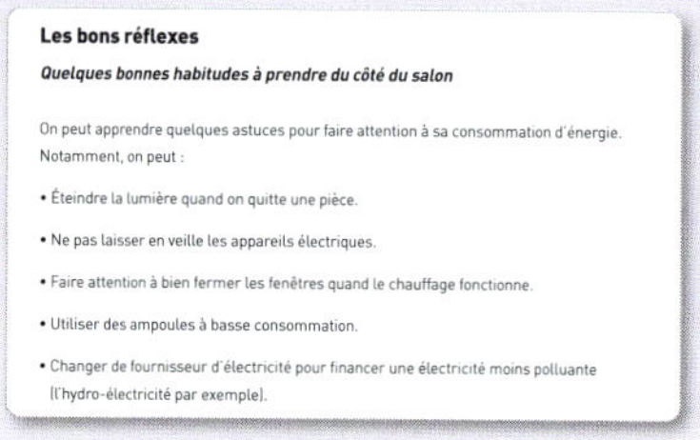
Les bons réflexes

Quelques bonnes habitudes à prendre du côté du salon

On peut apprendre quelques astuces pour faire attention à sa consommation d'énergie. Notamment, on peut :

- Éteindre la lumière quand on quitte une pièce.
- Ne pas laisser en veille les appareils électriques.
- Faire attention à bien fermer les fenêtres quand le chauffage fonctionne.
- Utiliser des ampoules à basse consommation.
- Changer de fournisseur d'électricité pour financer une électricité moins polluante (l'hydro-électricité par exemple).

Le MJ distribue au départ le plan de la maison, puis distribue aux élèves les cartes correspondant aux énigmes.

Énigme 1 ●○○○○○
La chambre

Objectif

Les élèves doivent lire, comprendre et appliquer la consigne pour observer et compter les objets selon leurs catégories.

Déroulement

• Les élèves visitent la chambre et reçoivent du MJ la carte énigme associée.

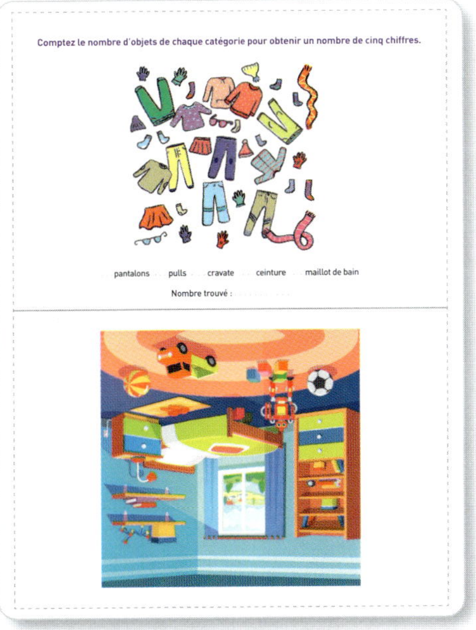

• Ils doivent trier le nombre d'habits par catégorie.

Aide possible : il peut être proposé aux élèves d'entourer les éléments en associant une couleur à une famille d'éléments pour les aider.

Résolution

Les élèves doivent compter 6 pantalons, 5 pulls, 0 cravate, 0 ceinture, 0 maillot de bain. On obtient le nombre 65 000.

Gestion de classe

Une fois l'énigme résolue, le MJ donne aux élèves la carte « Les bons réflexes » associée à la chambre.

Cette carte permet de leur faire prendre conscience de nos habitudes de consommation, et de commencer à les responsabiliser dans leurs achats.

Les bons réflexes

Six questions à se poser avant d'acheter

Bravo ! **65 000**, c'est la solution de l'énigme ! Mais c'est aussi le **nombre de kilomètres parcourus par un jean lors de sa fabrication**. C'est comme si le jean avait fait une fois et demie le tour de la Terre avant d'arriver dans un magasin !

Cela engendre beaucoup de pollution !

Alors avant d'acheter un nouvel habit ou jouet, voici six questions à se poser :

• Est-ce que j'en ai vraiment besoin ou envie ?

• Est-ce que c'est urgent ?

• L'ai-je déjà ?

• Puis-je le faire moi-même ?

• Puis-je l'emprunter ou le récupérer ?

• Puis-je l'acheter d'occasion ?

Ils reçoivent aussi l'illustration de la pièce « Chambre » qu'ils peuvent coller sur leur plan de la maison.

Si les élèves dépassent les 5 minutes sur 45 depuis le début du jeu, il est nécessaire de les aider.

L'**énigme 1** résolue, le groupe obtient la partie 1 de l'énigme suivante.

5 LA MAISON ÉCOLO (suite)

Énigme 2 ●●○○○○

La salle de bain

Objectif

Dans cette pièce, les élèves doivent commencer par trouver la réponse à une charade, pour ensuite pouvoir suivre des déplacements codés et en trouver un nombre.

PARTIE 1

Cette énigme est en deux parties, il faut commencer par la première. Les deux cartes retournées forment une seule image.

Déroulement

- Les élèves s'intéressent à la salle de bain.
- Le MJ leur donne alors la première partie de l'énigme, c'est-à-dire la carte avec sa charade.

> - Mon premier sert à coiffer les cheveux.
> - Mon deuxième est au début de l'alphabet.
> - Mon troisième peut être de lait ou définitive.
> - Mon tout est utilisé plusieurs fois par jour.
>
> Je suis une : ....

Aide possible : il est possible d'ajouter : « mon troisième est dans la bouche ».

Résolution

Les élèves doivent trouver le mot « brosse à dents ».

PARTIE 2

Déroulement

- Après avoir trouvé la première partie de l'énigme, les élèves reçoivent l'autre moitié de carte avec sa consigne codée.

> **Combien de litres d'eau utilise-t-on pour prendre un bain ?**
>
> Relie les points sous chaque lettre pour faire apparaître la réponse.
>
> Commence toujours par le point rouge sous la lettre.
>
> A : ↓ ↓
>
> B : ← ↓ → ↓ ←
>
> C : ← ↓ ↓ → ↑ ↑

> Nombre trouvé : ....

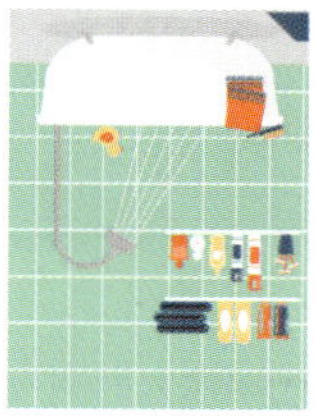

Résolution

Les élèves doivent trouver le nombre 150.

Gestion de classe

Une fois les deux énigmes résolues, le MJ donne aux élèves la carte « Les bons réflexes » associée à la salle de bain.

Cette carte permet de faire réfléchir les élèves sur l'impact écologique de la brosse à dents en plastique et sur le fait de prendre des bains.

Les bons réflexes

Quelques conseils dans la salle de bain

Bravo ! Vous avez entièrement réussi l'énigme de la salle de bain.

150, c'est le nombre de litres d'eau utilisés pour prendre un bain.
Il vaut mieux prendre des douches courtes !

Pour éviter de gaspiller l'eau, voici quelques conseils :
- Prendre des douches courtes.
- Utiliser un gant de toilette pour se laver.
- Fermer le robinet dès que possible, notamment lors du brossage de dents.
- Arroser le soir ou le matin, quand il fait frais.
- Tirer de petites chasses d'eau.
- Faire pipi dans la douche !
- Installer des régulateurs de débit et des mousseurs.
- Récupérer l'eau de pluie pour arroser le jardin ou nettoyer la voiture.

On peut aussi réfléchir à ce qu'on utilise dans la salle de bain au quotidien :
- Utiliser une brosse à dents en bambou ou une électrique.
- Bannir les cotons-tiges en plastique (d'ailleurs interdits à la vente en France).
- Utiliser des lingettes en coton lavables.
- Utiliser du shampoing solide pour éviter les bouteilles en plastique.

Comme pour la première énigme, ils reçoivent la deuxième illustration pour compléter le plan de la maison.

Si les élèves dépassent les 15 minutes sur 45 depuis le début du jeu, il est nécessaire de les aider.

Les deux parties de l'**énigme 2** résolues, le groupe obtient la première partie de l'**énigme suivante 3** « La cuisine ».

Énigme 3 ●●●○○○

La cuisine

Objectif

Dans cette pièce, les élèves doivent résoudre un rébus (déduction, logique, réflexion), puis utiliser un tableau à double entrée.

PARTIE 1

Cette énigme est en deux parties, il faut commencer par la première. Les deux cartes retournées forment une seule image.

Déroulement

- Les élèves choisissent la pièce de la cuisine.
- Le MJ leur distribue la première partie de l'énigme, c'est-à-dire la carte avec le rébus.

Pour quel évènement peut-on préparer un gâteau ?

(Associez un mot à chaque image pour découvrir la réponse.)

Pour un : ....

Résolution

Ils doivent trouver le mot « anniversaire » (âne – nid – verre – cerf).

PARTIE 2

Déroulement

- Après avoir trouvé la première partie de l'énigme, les élèves reçoivent la deuxième partie constituée d'une carte consigne avec le tableau à double entrée et de huit cartes « habitudes ».
- Ils vont devoir compléter le tableau en classant correctement les différentes habitudes.

BONNES HABITUDES 😊	MAUVAISES HABITUDES 😡

Résolution

BONNES HABITUDES 😊	MAUVAISES HABITUDES 😡
 Cuisiner maison avec des produits frais	 Acheter des repas tout prêts industriels
 Trier ses déchets	 Jeter ses ordures sans trier
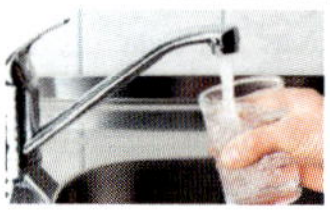 Boire de l'eau du robinet	 Boire de l'eau en bouteille
 Acheter en vrac	 Acheter avec du suremballage

Gestion de classe

Une fois les deux énigmes résolues, le MJ donne aux élèves la carte « Les bons réflexes » associée à la cuisine et à nos habitudes de consommation.

Les bons réflexes

Quelques bonnes habitudes à prendre en cuisine

Bravo ! Vous avez bien compris que, ici aussi, dans la cuisine, on peut mettre en place des actions pour moins polluer.

Au quotidien, on peut :
- Cuisiner soi-même en faisant attention aux aliments que l'on consomme.
- Boire l'eau du robinet autant que possible.
- Utiliser des gourdes quand on se déplace.
- Quand on fait les courses, faire attention aux emballages des produits pour en avoir le moins possible.
- Trier ses déchets pour aider à recycler et protéger la nature.

En plus, cuisiner soi-même et boire l'eau du robinet, c'est souvent meilleur pour la santé !

Cette carte permet de réfléchir au sur-emballage, à l'importance de trier ses déchets et de comprendre l'impact de nos habitudes de consommation sur la nature.

Ils reçoivent le troisième morceau de plan : l'illustration de la cuisine.

Si les élèves dépassent les 25 minutes sur 45 depuis le début du jeu, il est nécessaire de les aider.

Les deux parties de l'**énigme 3** résolues, le groupe obtient l'**énigme suivante n° 4** « La salle à manger ».

Énigme 4 ●●●●○○
La salle à manger

Objectif

Dans cette énigme, les élèves doivent obtenir le code à quatre chiffres d'un cadenas associant des descriptions au bon panier de fruits et légumes.

Déroulement

- Les élèves reçoivent la carte de l'énigme de la salle à manger.
- Par déduction, ils vont associer chaque panier à sa bonne description.

Retrouvez de quel groupe de fruits et légumes on parle pour déverrouiller le cadenas.

6 La carotte, la citrouille, la poire, la pomme.	**7** La banane, l'ananas, l'avocat, la noix de coco.
8 La pomme, la courgette, la carotte, la pêche.	**9** La courgette, le haricot vert, le melon, la tomate.

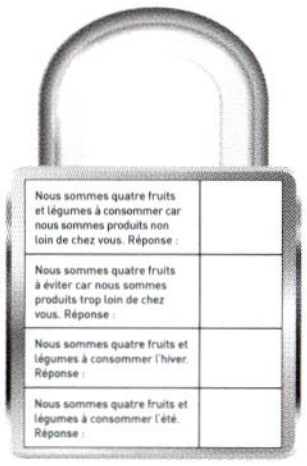

Le code du cadenas pour déverrouiller la salle à manger est le : ....

Résolution

Code attendu : **8 7 6 9.**

Gestion de classe

Une fois l'énigme résolue, le MJ donne aux élèves la carte « Les bons réflexes » associée à la salle à manger et à notre rapport aux fruits et légumes.

Les bons réflexes

Quelques bonnes habitudes à prendre du côté de l'alimentation

Bravo ! Vous avez bien repéré quels fruits et légumes correspondaient à chaque catégorie.

Pour moins polluer, il est préférable de manger des fruits et légumes produits non loin de chez soi et de saison.

C'est aussi mieux de manger des aliments qui ont subi peu de traitements chimiques, comme ceux issus de l'agriculture biologique.

Cette carte permet de faire réfléchir les élèves sur la saisonnalité des fruits et des légumes et sur l'importance de consommer local.

Ils reçoivent le quatrième morceau de plan : l'illustration de la salle à manger.

Si les élèves dépassent les 35 minutes sur 45 depuis le début du jeu, il est nécessaire de les aider.

L'**énigme 4** résolue, le groupe obtient l'**énigme suivante n° 5** « Le salon ».

Énigme 5 ●●●●●○

Le salon

Objectif

Dans cette énigme, les élèves doivent lire deux phrases dont les mots ont été entremêlés pour déverrouiller l'accès à la dernière pièce.

Déroulement

- Les élèves sont dans le salon.
- Ils reçoivent la carte avec les deux phrases entremêlées.

Aide possible : on peut proposer aux élèves de lire tous les mots à haute voix pour les aider à apercevoir les deux phrases entremêlées.

Pour De plus, consommer il vaut mieux moins d'énergie, on doit éteindre les appareils éteindre la lumière électriques comme lorsqu'on la télévision ou quitte l'ordinateur une que les laisser pièce. en veille.

Résolution

Pour consommer moins d'énergie, on doit éteindre la lumière lorsqu'on quitte une pièce.

De plus, il vaut mieux éteindre les appareils électriques comme la télévision ou l'ordinateur que les laisser en veille.

Gestion de classe

Une fois l'énigme résolue, le MJ donne aux élèves la carte « Les bons réflexes » associée au salon.

Les bons réflexes

Quelques bonnes habitudes à prendre du côté du salon

On peut apprendre quelques astuces pour faire attention à sa consommation d'énergie. Notamment, on peut :

- Éteindre la lumière quand on quitte une pièce.
- Ne pas laisser en veille les appareils électriques.
- Faire attention à bien fermer les fenêtres quand le chauffage fonctionne.
- Utiliser des ampoules à basse consommation.
- Changer de fournisseur d'électricité pour financer une électricité moins polluante (l'hydro-électricité par exemple).

Cette carte permet de faire réfléchir les élèves sur leur consommation d'énergie.

Si les élèves dépassent les 40 minutes sur 45 depuis le début du jeu, il est nécessaire de les aider.

Ils reçoivent l'avant-dernier morceau de plan : l'illustration du salon.

L'**énigme 5** résolue, le groupe obtient la **dernière énigme**, celle de l'entrée.

Énigme finale ●●●●●●
L'entrée

Objectif

Dans cette énigme, les élèves doivent compter les voyelles des mots qui leur sont proposés.

Déroulement

Les élèves disposent de la carte de l'entrée qui leur permet de trouver la clé pour terminer l'*escape game*.

Retrouvez le numéro de la clé qui ouvre la maison en sachant que c'est le nombre de voyelles des trois modes de déplacement les moins polluants.

VÉLO - AVION - VOITURE - PIEDS - TRAIN

Aide possible : les élèves peuvent barrer les mots inutiles, puis entourer les voyelles pour plus de clarté.

Résolution

Après avoir éliminé les mots « avion » et « voiture », les élèves doivent compter un total de 6 voyelles, soit prendre la clé n° 6.

VÉLO - ~~AVION - VOITURE~~ - PIEDS - TRAIN

Gestion de classe

Une fois la dernière énigme résolue, les élèves obtiennent la dernière carte « Les bons réflexes » associée aux transports en commun.

C'est l'occasion de les faire réfléchir sur l'impact du choix de son moyen de transport.

Ils obtiennent aussi la dernière pièce de la maison pour compléter leur plan.

Gestion de classe

→ Pour les premiers groupes ayant terminé

L'énigme finale résolue, les élèves peuvent approfondir la thématique du développement durable autour d'une activité prévue par avance.

Selon leur motivation, il est possible de proposer de résoudre des énigmes supplémentaires : voir la partie **Énigmes – BONUS** page 84.

On peut terminer la séance en distribuant le **diplôme de réussite ou de participation** à chaque élève.

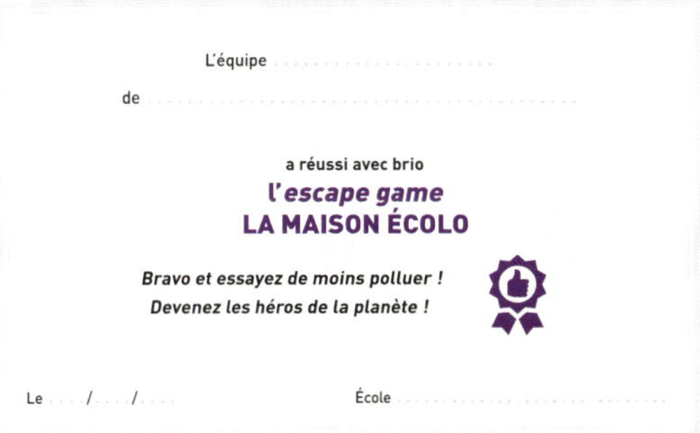
L'équipe ....
de ....
a réussi avec brio
l'escape game
LA MAISON ÉCOLO
Bravo et essayez de moins polluer !
Devenez les héros de la planète !
Le .... / .... / ....   École ....

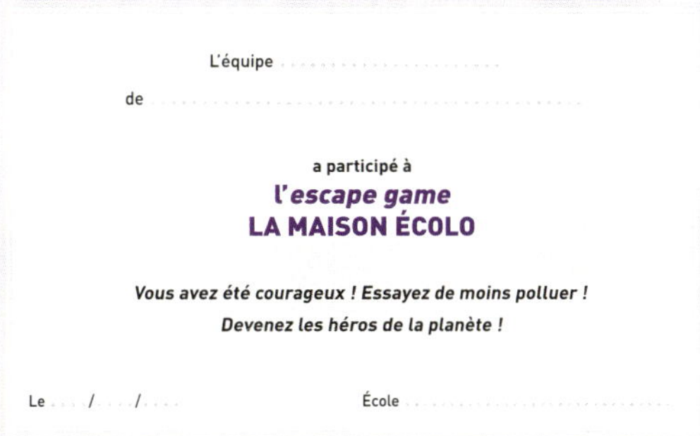
L'équipe ....
de ....
a participé à
l'escape game
LA MAISON ÉCOLO
Vous avez été courageux ! Essayez de moins polluer !
Devenez les héros de la planète !
Le .... / .... / ....   École ....

La **Feuille récapitulative** proposée permettra de revoir ultérieurement toutes les notions utilisées dans cet *escape game*.

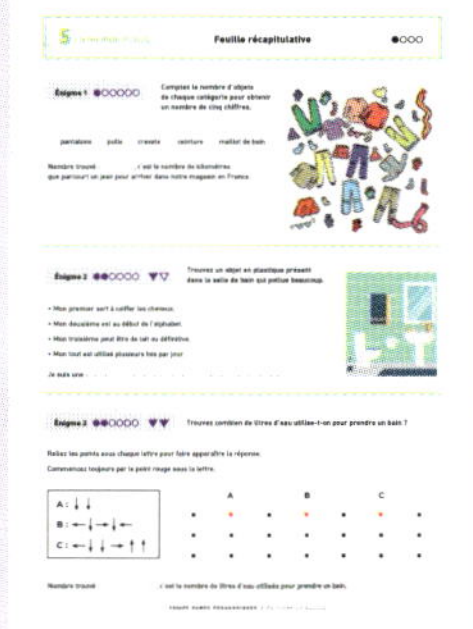

→ Prolongements possibles

- faire écrire de nouvelles propositions pour réduire l'empreinte écologique dans son logement
- découvrir les matières des habits (coton, laine, synthétique), les matériaux des jouets (plastique, bois) et leur provenance (sylviculture, agriculture, élevage, pétrole)
- trouver et remplacer d'autres objets à usage unique : lingettes (à remplacer par des tissus lavables), vaisselle jetable (à remplacer par de la vaisselle lavable)...
- gérer les emballages : préférer les achats en vrac dans des sacs en tissu et des récipients en verre
- comprendre la consommation d'eau des particuliers, le cycle de l'eau naturel, puis le cycle de l'eau domestique
- le recyclage des déchets et la règle des trois R (réduire, réutiliser, recycler), sachant que le meilleur déchet est celui qui n'existe pas
- s'intéresser aux différents fruits et légumes, leur catégorie, leurs saisons et aux produits locaux
- découvrir les différentes sources d'électricité : l'eau (des barrages hydrauliques), le solaire, le vent (énergie éolienne), le nucléaire, le charbon...
- découvrir les énergies utilisées dans nos modes de déplacement : les muscles pour la marche et le vélo ; l'électricité pour le train, le tram et le métro, certains vélos et certaines voitures ; l'essence pour la plupart des voitures, camions, bus et cars ; le kérosène pour l'avion...

À partir du **CE2**

6 DÉVELOPPEMENT DURABLE

Cet *escape game* s'organise autour d'une suite de six énigmes. Il peut être organisé sur table avec seulement des photocopies : ce qui peut permettre de faire jouer une classe entière en même temps.

PITCH

Il peut être donné seulement à l'oral, car il est très simple.

« Il y a urgence. La pollution risque de causer l'extinction d'un million d'espèces vivantes et tue déjà de nombreux humains chaque année. Vous avez 45 minutes pour découvrir qui sont les super-héros qui vont pouvoir arrêter cette catastrophe. »

CONCEPT

Cet *escape game* est progressif. Toutes les énigmes sont indépendantes, mais elles doivent être résolues les unes après les autres pour terminer par l'énigme finale qui répondra à la question initiale du jeu.

OBJECTIFS GÉNÉRAUX

Cet *escape game* permet de travailler de nombreuses notions autour du thème du développement durable telles que le tri des déchets, les choix de consommation, les modes de déplacement, les gestes utiles, ou encore les décisions politiques et les énergies renouvelables.

QUID DES PROGRAMMES DE 2020 ?

Ils parlent de « préservation de l'environnement ». Il est aussi noté « la nécessité de faire comprendre aux élèves l'impératif d'un développement durable et équitable » et, entre autres, de se demander « Comment améliorer le développement durable ? » et de faire « réfléchir aux choix des acteurs dans les politiques de développement durable ».

ACTIVITÉS EN AMONT POSSIBLES

Il peut être utile d'avoir déjà travaillé sur le tri des déchets et les différentes énergies.

TEMPS DONNÉ

Le temps prévu, 45 minutes, peut être allongé à 60 minutes pour un premier jeu de ce genre ou pour des CE1.
Il n'est pas utile que chaque groupe finisse dans le temps imparti. Il sera même plus intéressant que certains groupes réussissent et pas d'autres.
Au besoin, le maître du jeu (MJ) peut donner des coups de pouce.

CONSEILS

Prévoir des groupes hétérogènes avec au moins un enfant « lecteur » par groupe.
L'espace prévu entre deux groupes doit être suffisamment grand pour éviter d'entendre ce qui est dit à côté.

6 DÉVELOPPEMENT DURABLE

MATÉRIEL 16 annexes à télécharger

À imprimer en avance.

- → **Feuille récapitulative (et son corrigé)**
- → **Diplômes de participation et de réussite**
- → **Énigme 1 : Tri des déchets et Code du cadenas 1**
- → **Énigme 2 : Au goûter et Code du cadenas 2**
- → **Énigme 3 : Modes de transport et Code du cadenas 3**
- → **Énigme 4 : Gestes utiles et Code du cadenas 4**
- → **Énigme 5 : Qui décide ? et Code du cadenas 5**
- → **Énigme finale : Énergies renouvelables**

Gestion de classe

Pour cet *escape game*, on vous suggère de rassembler toutes les cartes d'une même énigme dans une même enveloppe pour plus de clarté.

Il peut être intéressant de tester les codes de cadenas trouvés sur de vrais cadenas préconfigurés. Autrement, il est tout à fait possible de simplement les valider à l'oral.

Pour les plus jeunes et ceux qui n'ont pas encore fait d'*escape game*, il sera peut-être nécessaire de leur expliquer qu'il faut trouver un code à trois chiffres pour chaque énigme, à l'exception de l'énigme finale, qui elle répondra à la question du jeu.

Le maître du jeu est invité à distribuer, à chaque groupe, l'enveloppe contenant les cartes de l'énigme 1.

Énigme 1 ●○○○○○

Tri des déchets

Objectif

Dans cette énigme, les élèves sont invités à trier des déchets. Les nombres obtenus permettent de découvrir un code à trois chiffres pour ouvrir le cadenas donnant accès à la deuxième énigme.

Déroulement

- Les élèves disposent de la carte « Tri des déchets », d'images de déchets et de la carte « Code du cadenas 1 ».

- Une fois le tri effectué, les élèves vont pouvoir résoudre l'énigme du code du cadenas 1 et tester la combinaison trouvée sur le cadenas ou la faire valider par le MJ.

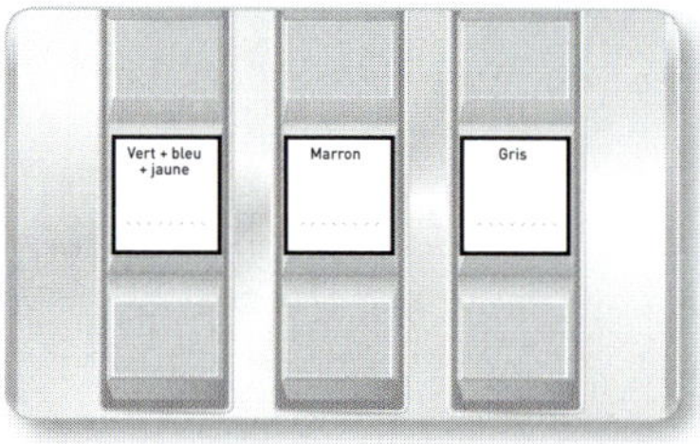

Adaptation possible : cette énigme peut être adaptée avec des conteneurs et déchets réels. Il faut seulement veiller à ce que les objets proposés soient identiques ou équivalents, pour qu'ils soient destinés à la même catégorie de tri, afin de ne pas fausser le résultat. Par exemple, un emballage de yaourt en plastique à la place de la barquette en polystyrène.

Résolution

Les élèves doivent trouver le code **6 – 2 – 5**.

Tri des déchets

- Conteneur vert : bouteille en verre, pot en verre → 2 déchets
- Conteneur bleu : papier → 1 déchet
- Conteneur jaune : emballage en cartonnette, cannette, flacon en plastique de shampooing → 3 déchets
- Composteur marron : épluchures de pommes de terre, épluchures de clémentine → 2 déchets
- Poubelle grise : barquette en polystyrène, mouchoir en papier, sac en plastique, emballage en plastique, verre à eau cassé → 5 déchets

Calcul du code du cadenas 1

- vert + bleu + jaune = 2 + 1 + 3 = 6
- marron = 2
- gris = 5

Gestion de classe

Si les élèves dépassent les 10 minutes sur 45 depuis le début du jeu, il est nécessaire de les aider, notamment pour leur expliquer la différence entre les déchets « faux-amis » comme le verre à eau cassé, la barquette en polystyrène, le sac en plastique ou le mouchoir qui ne sont pas recyclés.

Une fois le code du cadenas validé, le groupe obtient l'enveloppe de l'énigme 2.

Énigme 2 ●●○○○○

Au goûter

Objectif

Dans cette énigme, les élèves sont amenés à réfléchir à leurs choix de consommation, à travers l'exemple d'une composante classique d'un goûter. Ils vont ordonner les propositions de la plus polluante à la plus écologique.

Déroulement

- Les élèves disposent de la carte « Les goûters » et de la carte du code du cadenas 2.

- Une fois l'ordre effectué, les élèves vont pouvoir résoudre l'énigme du code du cadenas 2 et tester la combinaison trouvée sur le cadenas ou la faire valider simplement à l'oral par le MJ.

Résolution

Les élèves doivent trouver le code **5 – 0 – 5**.

Ordre du goûter le plus polluant au plus écologique : 4 – 3 – 2 – 5 – 6.

Calcul du code du cadenas 2 :

(4 × 3 ÷ 2 + 5 – 6) × 101 = 505.

Gestion de classe

Si les élèves dépassent les 20 minutes sur 45 depuis le début du jeu, il est nécessaire de les aider. Une fois le code du cadenas validé, le groupe obtient l'enveloppe de l'énigme 3.

Énigme 3 ●●●○○○

Modes de déplacement

Objectif

Ici, les élèves réfléchissent à leurs modes de déplacement en ordonnant les modes de transport proposés du plus polluant au plus écologique.

Déroulement

- Les élèves disposent de la carte « Modes de déplacement » et du code du cadenas 3.

- Une fois l'ordre effectué, les élèves vont pouvoir résoudre l'énigme du code du cadenas 3 et tester la combinaison trouvée sur le cadenas ou la faire valider simplement par le MJ.

Résolution

Les élèves doivent trouver le code **9 – 7 – 9**.

Ordre du mode de déplacement le plus polluant au plus écologique :
4 - 3 - 2 - 1 - 4 - 2 - 3 - 1 - 5.

Calculs du code du cadenas 3 :

- 4 + 3 + 2 = 9
- 1 + 4 + 2 = 7
- 3 + 5 + 1 = 9.

Gestion de classe

Si les élèves dépassent les 28 minutes sur 45 depuis le début du jeu, il est nécessaire de les aider.

Énigme 4 ●●●●○○

Gestes utiles

Objectif

Cette énigme amène les élèves à réfléchir à l'impact réel de certaines actions du quotidien dites écologiques. Cela les conduira directement au code du cadenas de l'énigme.

Déroulement

- Les élèves reçoivent les 6 cartes « Gestes utiles » (que le MJ aura préalablement découpées, pliées en deux et collées recto contre verso), la carte indice « Des gestes

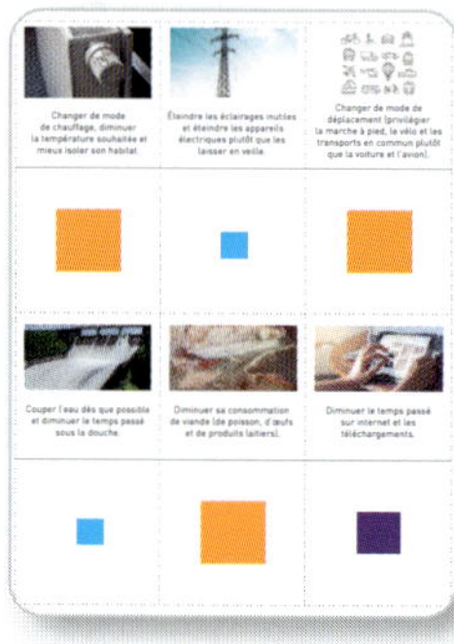

plus ou moins utiles » et la carte du cadenas 4. Ils doivent classer puis ordonner ces 6 gestes en 3 paquets, selon leur impact petit, moyen ou grand en faveur de l'environnement.

Aides possibles : si les élèves ne l'ont pas encore remarqué, on peut d'abord attirer leur attention sur le verso des cartes et les amener à faire un classement par couleur. Reste à les ordonner.

Le MJ peut ensuite donner des indices à l'oral, comme « prendre des douches courtes, c'est un bon début » et « marcher ou faire du vélo au lieu d'utiliser de l'essence, c'est super utile », afin d'aiguiller les élèves dans l'ordre d'importance de ces gestes.

Enfin, pour lever tout doute, la taille des carrés au dos des cartes est un indice à exploiter : les petits carrés, les moyens et les grands correspondent respectivement aux gestes des moins aux plus utiles.

- Une fois les gestes ordonnés en 3 paquets par degré croissant d'utilité (bleu, violet et orange), les élèves doivent les dénombrer pour trouver les 3 chiffres de la combinaison du cadenas 4, à tester ou à soumettre au MJ, et ainsi résoudre l'énigme du cadenas 4.

Résolution

Les élèves doivent trouver le code **2 – 1 – 3**.

- Nombre d'actions ayant :

→ un petit impact : 2
(éteindre l'éclairage et couper l'eau)

→ un moyen impact : 1
(diminuer son temps sur internet)

→ un très grand impact : 3
(diminuer sa consommation de viande, changer de mode de déplacement et mieux isoler son habitat).

Gestion de classe

Si les élèves dépassent les 35 minutes sur 45 depuis le début du jeu, il est nécessaire de les aider.

Une fois le code du cadenas validé, le groupe obtient l'enveloppe de l'énigme 5.

Énigme 5 ●●●●●○

Qui décide ?

Objectif

Ici, les élèves travaillent sur les responsabilités et rôles de chacun dans la société. Cela les conduira ensuite à décrypter le code pour passer à l'énigme finale.

Déroulement

- Les élèves disposent de la carte « Qui décide ? » et de l'énigme du cadenas 5.

Qui peut quoi ?
Reliez la bonne action à la bonne personne.

Qui peut décider d'un accord international pour diminuer les pollutions ?	A. ❑	❑ 1. Les citoyens.
Qui peut décider de voter des lois pour diminuer les pollutions en France ?	B. ❑	❑ 2. Le président de la République.
Qui peut décider de diminuer les pollutions sur la commune ?	C. ❑	❑ 3. Les conseillers municipaux.
Qui peut décider de militer (écrire, manifester) pour que de bonnes décisions soient prises ?	D. ❑	❑ 4. Les députés.

- Une fois l'ordre effectué, les élèves vont pouvoir résoudre l'énigme du cadenas 3 et tester la combinaison trouvée sur le cadenas ou la faire valider par le MJ.

Résolution

Les élèves doivent trouver le code **5 – 4 – 0**.

- Qui peut décider d'un accord international pour diminuer les pollutions ?
  → Le président de la République (A2).
- Qui peut décider de voter des lois pour diminuer les pollutions en France ?
  → Les députés (B4).
- Qui peut décider de diminuer les pollutions sur la commune ?
  → Les conseillers municipaux (C3).

- Qui peut décider de militer (écrire, manifester) pour que de bonnes décisions soient prises ?
  → Les citoyens (D1).

Calcul du code du cadenas 5 :

(A + 2) × (B + 4) × (C + 3) × (D + 1)
= (1 + 2) x (2 + 4) × (3 + 3) × (4 + 1)
= 3 × 6 × 6 × 5
= 540

Gestion de classe

Si les élèves dépassent les 40 minutes sur 45 depuis le début du jeu, il est nécessaire de les aider.

Une fois le code du cadenas validé, le groupe obtient l'enveloppe de l'énigme finale.

Énigme finale ●●●●●●
Énergies renouvelables

Objectif

Pour cette dernière énigme, les élèves vont faire appel à leurs connaissances sur les principales énergies dites vertes dans un jeu de questions-réponses articulé autour d'une grille codée.

Déroulement

- Les élèves ont la carte « Energies renouvelables » contenant les questions et la grille codée, accompagnées de leur consigne.

Aides possibles : si les élèves ont du mal avec les questions, il est possible de donner à l'oral les indices suivants : « notre étoile » pour le soleil ; « il souffle plus ou moins fort » pour le vent ; « le seul liquide qui nous est indispensable » pour l'eau ; « c'est aussi le nom de notre planète » pour la terre. Si le MJ remarque que les élèves ont plutôt du mal sur la grille, il peut donner un exemple. Le mot « nature » a pour initiale N et contient 6 lettres.

On obtient le code N6, ce qui donne la lettre I.

Qui sont les super-héros capables d'arrêter cette catastrophe écologique ?

- Qu'est-ce qui fournit l'énergie utilisée par les panneaux photovoltaïques ?
  Réponse : Le ....
- Qu'est-ce qui fait fonctionner les éoliennes ?
  Réponse : Le ....
- Qu'est-ce qui entraîne les turbines des centrales hydroélectriques ?
  Réponse : L' ....
- Dans quoi sont réchauffés les fluides de la géothermie ?
  Réponse : La ....

Entourez sur la ligne bleue du haut de la grille l'initiale de chaque mot trouvé.

Puis comptez le nombre de lettres de chaque mot pour trouver la lettre correspondante dans la grille en vous aidant de la colonne orange.

	L	A	V	E	N	I	R	E	S	T	A	E	C	R	I	R	E
1	C	I	R	M	U	H	D	R	T	E	N	A	D	I	N	E	H
2	A	J	J	O	U	E	D	S	A	H	I	R	T	I	I	X	E
3	D	D	E	U	Y	U	O	U	G	L	M	U	T	P	A	L	U
4	S	E	S	R	N	B	C	A	I	T	E	N	S	H	B	I	L
5	W	P	T	S	O	V	U	R	A	V	E	G	R	O	R	E	O
6	U	Z	A	R	I	M	I	P	O	U	Z	A	I	P	L	Y	I
7	L	E	E	T	V	P	E	R	Q	O	Z	A	I	L	F	J	S

Dans la grille, vous obtenez quatre lettres. Il vous suffit maintenant de les remettre dans le bon ordre pour découvrir qui sont les super-héros !

Réponse : ....

Résolution

- Qu'est-ce qui fournit l'énergie utilisée par les panneaux photovoltaïques ?
  Réponse : le soleil, soit S6.
- Qu'est-ce qui fait fonctionner les éoliennes ?
  Réponse : le vent, soit V4.
- Qu'est-ce qui entraîne les turbines des centrales hydroélectriques ?
  Réponse : l'eau, soit E3.
- Dans quoi sont réchauffés les fluides de la géothermie ?
  Réponse : la terre, soit T5.
- Les élèves trouvent ainsi les quatre lettres : **O – S – U – V**, soit **VOUS.**

Une fois la réponse trouvée, le MJ est invité à lire aux élèves l'explication de la réponse de l'*escape game* à l'oral.

« Vous êtes les super-héros ! C'est vous qui pouvez par vos actions et vos paroles diminuer les pollutions et améliorer le monde dans lequel vous vivez ! »

Gestion de classe

→ Pour les premiers groupes ayant terminé

L'énigme finale résolue, les élèves peuvent approfondir la thématique du développement durable autour d'une activité prévue par avance. Cela leur permet de réaliser une activité agréable en attendant que les camarades des autres groupes finissent.

Selon leur motivation, il est possible de proposer de résoudre des énigmes supplémentaires : voir la partie **Énigmes – BONUS** page 84.

On peut terminer la séance en distribuant le **diplôme de réussite ou de participation** à chaque élève.

L'équipe ...

de ...

a réussi avec brio

l'escape game

DÉVELOPPEMENT DURABLE

Vous êtes les super-héros !
Par vos actions et vos paroles, c'est vous qui pouvez diminuer les pollutions et améliorer le monde dans lequel vous vivez !

Le .../.../... École ...

L'équipe ...

de ...

a participé à

l'escape game

DÉVELOPPEMENT DURABLE

Vous êtes les super-héros !
Par vos actions et vos paroles, c'est vous qui pouvez diminuer les pollutions et améliorer le monde dans lequel vous vivez !

Le .../.../... École ...

La **Feuille récapitulative** proposée permettra de revoir ultérieurement toutes les notions utilisées dans cet *escape game*.

6 DÉVELOPPEMENT DURABLE — **Fiche récapitulative**

Énigme 1 — **Quel déchet va où ?**

Conteneur vert pour le ... recyclable : bouteilles et pots en ...
Conteneur bleu pour les ... (sauf ..., serviettes et essuie-mains).
Conteneur jaune pour les ... recyclables hors verre : cartonnettes, aluminium (...), fer (boîtes de conserve), flacons et ... en plastique...
Composteur marron pour la ... organique : épluchures...
Poubelle grise pour ce qui n'est ni compostable, ni ... (à enfouir ou brûler) : barquettes en polystyrène, ... en papier, sacs en ..., emballages en plastique, verre de table...

Énigme 2 — **Classez les goûters du plus polluant au plus écologique.**

Du plus polluant au moins polluant :
- compote achetée avec emballage ... ;
- compote achetée avec emballage ... ;
- fruit transformé en compote à la ... ;
- fruit ;
- fruit ... et ...

Énigme 3 — **Ordonnez ces modes de déplacement du plus polluant au plus écologique.**

Du plus polluant au moins polluant :
- ... ;
- voiture ... avec deux personnes dedans ;
- voiture ... avec cinq personnes dedans ;
- car ou ... essence ou diesel ;
- voiture ... ;
- tram ou ... ;
- trottinette ... ;
- vélo ;
- ...

ESCAPE GAMES PÉDAGOGIQUES © ÉDITIONS LA CLASSE

→ Prolongements possibles

- Travailler sur certaines notions abordées dans les énigmes comme les pollutions du sol, de l'eau, et surtout de l'air ; les changements climatiques avec la « Fresque du climat » qui permet une nouvelle activité en groupe très complète (https://fresqueduclimat.org)
- Revoir les solutions proposées (gestes de chacun et législations nécessaires)

À partir du **CE2**

7 TOUS EN CUISINE

Cet *escape game* est conçu comme un *escape room* à mettre en place dans la salle du restaurant scolaire : les élèves doivent fouiller la pièce pour trouver les indices nécessaires. Il peut aussi être utilisé sous sa forme simplifiée sur table, avec seulement des photocopies : ce qui peut permettre de faire jouer une classe entière en même temps.

PITCH

Il peut être donné seulement à l'oral, car il est très simple.

« Vous êtes enfermés ici jusqu'à ce que vous trouviez le code à trois chiffres du cadenas de la porte. Fouillez la pièce à la recherche des énigmes qui vous donneront la bonne combinaison. Vous avez 75 minutes. »

CONCEPT

Cet *escape game* utilise six énigmes, chacune est associée à une couleur ou à un motif. Chaque énigme est résolue quand un nombre est trouvé. Quand les élèves disposent des six réponses-nombres, ils doivent les associer comme demandé. La couleur ou le motif de chaque énigme signifiés par le bord des cartes.

OBJECTIFS GÉNÉRAUX

Cet *escape game* permet de travailler le thème de l'alimentation, avec un accent mis sur les menus équilibrés et les légumes. Les élèves révisent aussi les continents, effectuent quelques calculs, et résolvent de vraies énigmes.

QUID DES PROGRAMMES DE 2020 ?

Ils parlent de « répondre à ses besoins alimentaires » et surtout d'« hygiène alimentaire ».

ACTIVITÉS EN AMONT POSSIBLES

Il peut être utile d'avoir déjà travaillé sur les recommandations du Programme national nutrition-santé (PNNS), mais cela n'est pas une obligation.

TEMPS DONNÉ

Le temps prévu, 75 minutes, peut être réduit à 60 minutes si, par exemple, les indices ne sont pas cachés ou si les joueurs sont expérimentés.
Il n'est pas utile que chaque groupe finisse dans le temps imparti. Il sera même plus intéressant que certains groupes réussissent et pas d'autres.
Il y a en tout sept énigmes plus ou moins faciles. Les six premières peuvent être résolues en parallèle : le MJ peut encourager le groupe à créer des sous-groupes.
À l'inverse, il ne faut pas que les élèves soient démotivés car « coincés » : le MJ pourra donner des coups de pouce s'il voit qu'un groupe commence à se lasser.

CONSEILS

Si plusieurs groupes jouent simultanément, l'espace prévu entre deux groupes doit être suffisamment grand pour éviter d'entendre ce qui est dit à côté.

7 TOUS EN CUISINE

MATÉRIEL **15 annexes à télécharger**

À imprimer en avance. À prévoir le jour J en plus : 8 fourchettes et 7 cuillères éparpillées.

- → **Feuille récapitulative (et son corrigé)**
- → **Diplômes de participation et de réussite**
- → **Le cadenas à accrocher à la porte et la liste des cachettes**
- → **Énigme 1 : les cartes roses** (la consigne, les 5 plats, la carte du monde et l'aide)
- → **Énigme 2 : les cartes rayées** (la consigne et l'aide)
- → **Énigme 3 : les cartes bleues** (la consigne et l'aide)
- → **Énigme 4 : les cartes à pois** (la consigne et l'aide)
- → **Énigme 5 : la carte jaune de consigne**
- → **Énigme 6 : les cartes quadrillées** (la consigne et l'aide)
- → **Énigme finale : la carte de l'énigme et son aide**

Gestion de classe

Cet *escape game* nécessite de cacher au préalable dans la salle 8 fourchettes et 7 cuillères.

Si la version *escape room* est choisie, les élèves ne sont bien évidemment pas vraiment enfermés dans la pièce. Le verrouillage peut être symbolisé par un cadenas à trois chiffres (réel ou dessiné) accroché à la poignée d'une porte. Ce cadenas peut aussi être mis sur une porte de placard ou une caissette contenant la clé de la porte.

Il peut être utile d'expliquer, surtout pour les plus jeunes et ceux n'ayant pas encore fait d'*escape game*, qu'il faut d'abord fouiller la pièce pour trouver les indices, ensuite réfléchir ensemble pour résoudre ces énigmes.

Une liste des cachettes utilisées est disponible en annexe pour le MJ.
Quelques idées : scotché sous une table, sous un tiroir, sous la partie du meuble au-dessus d'un tiroir, dans la poche d'un vêtement, dans un paquet de feuilles…

Pour commencer, le MJ peut distribuer l'énigme finale ou bien, la cacher avec les autres énigmes.

Les cartes d'aide des énigmes sont gardées par le MJ et distribuées au besoin au cours de l'énigme.

Enfin, le MJ peut annoncer qu'il y a six énigmes de base et qu'il est assez facile de les distinguer.

Le petit plus : l'énigme – mot de passe pour rentrer

Les élèves vont vouloir sortir de la pièce, mais ils doivent d'abord entrer dedans !

On peut ajouter une énigme pour obtenir le droit d'entrer.

QUI SUIS-JE ?

Si je n'avais qu'un seul « s », je serais une zone où les précipitations sont très rares et où les conditions de vie sont très difficiles.

Avec un seul « s », je pourrais être polaire, ou plus souvent vu comme une immense étendue de sable.

réponse : le dessert.

Énigme 1 Rose

Objectif

Lors de cette résolution d'énigme, les élèves doivent associer cinq plats à cinq continents puis répondre à la question et enfin compter le nombre de lettres de ce mot.

Déroulement

- Les élèves doivent trouver les cartes au bord rose suivantes. Il y en a 7, la carte consigne, les 5 plats et la carte du monde.

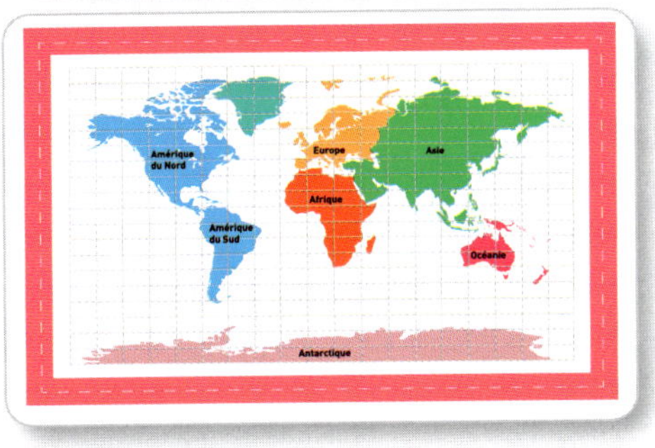

Aide possible : au besoin, une carte d'aide est disponible.

NYC doit vous faire penser à une très grande ville d'un pays riche.

La « pasta » ne vient pas de très loin.

Le « pao de queijo » vient d'un pays dont la langue officielle est le portugais alors que presque tous les pays de ce continent ont l'espagnol comme langue officielle.

Quel continent habité n'est pas représenté par les cinq plats trouvés ?
Comptez son nombre de lettres.

Résolution

Le chiffre à trouver est : 7.

Le continent habité non représenté dans cette énigme est l'Océanie.

Le mot « Océanie » est formé de sept lettres.
« Bagels *from* NYC » est à associer à Amérique du Nord (New York City aux États-Unis d'Amérique).
« Nouilles » est à associer à l'Asie.
« Pasta » est à associer à l'Europe (Italie).
« Pao de queijo » est à associer à l'Amérique du Sud (Brésil).
« Couscous » est à associer à l'Afrique (du Nord).

Énigme 2 Rayée

Objectif

Cette énigme permet aux élèves de découvrir différents types de légumes : les feuilles, les racines, les légumes fruits et les légumes fleurs.

Déroulement

- Les élèves doivent trouver la carte au bord rayé suivante.

Trouvez tous les légumes fleurs, puis reliez-les dans cet ordre : a – b – c – a.

artichaut • orange •
cerise • tomate •
babouin • brocoli •
chaussure • haricot •
chou-fleur • chenille •

Trouvez tous les légumes fruits, puis reliez-les dans cet ordre : a – c – p – t puis h – m.

courgette • avocat •
poivre • artichaut •
haricot • melon •
hérisson • panthère •
poivron • tomate •

Trouvez tous les légumes racines, puis reliez-les dans cet ordre : b – c – p – r.

betterave • radis •
courge • potiron •
fraise • prune •
crevette • cerise •
carotte • pomme de terre •

Trouvez tous les légumes feuilles, puis reliez-les dans cet ordre : l – m et e – é.

laitue • endive •
légume • lentille •
mirabelle • mûre •
édredon • carotte •
épinard • mâche •

Aide possible : au besoin, une carte d'aide est disponible.

Légumes fleurs	Légumes fruits	Légumes racines	Légumes feuilles
artichaut brocoli chou-fleur	courgette avocat haricot melon poivron tomate	betterave radis carotte pomme de terre	laitue endive épinard mâche

Reliez ensuite les légumes comme demandés.

Résolution

Le mot formé est **DEUX**.

Il fallait trouver puis relier :

- artichaut – brocoli – chou-fleur – artichaut pour former un D
- avocat – courge – haricot – melon – haricot – poivron – tomate pour former un E
- betterave – carotte – pomme de terre – radis pour former un U
- laitue – épinard – endive – mâche pour former un X.

Énigme 3 Bleue ●●●○○○○

Objectif

Ici, en utilisant leur déduction, les élèves vont décrypter une recette pour trouver le nombre cherché.

Déroulement

- Les élèves doivent trouver la carte au bord bleu suivante.

Ingrédients du gâteau au € / * % § ;

1 € / * % § ;

3 pots de @ / § & +)

2 pots de ? % > §)

3 *) % @ ?

½ pot d' # % &])

½ sachet de]) ~ % §) chimique

1 pincée de ?)]

A	B	C	D	E	F	G	H	I	J	K	L	M

N	O	P	Q	R	S	T	U	V	W	X	Y	Z

Le mot-nombre que vous cherchez est : **; § * & ?**

Aide possible : au besoin, une carte d'aide est disponible.

Utilisez la recette pour comprendre le code, puis trouvez le mot attendu.
Commencez par déchiffrer les mots faciles, par exemple grâce à « 1/2 sachet de ... chimique » et « une pincée de ... ».
Rappelez-vous que vous cherchez un mot qui est un nombre.

Résolution

Le nombre à trouver est : **TROIS**.

La recette décryptée est :

Ingrédients du gâteau au yaourt

- 1 yaourt
- 3 pots de farine
- 2 pots de sucre
- 3 œufs
- 1/2 pot d'huile
- 1/2 sachet de levure chimique
- 1 pincée de sel

Gestion de classe

Quand les élèves ont résolu 3 énigmes, il sera sûrement utile de leur rappeler que l'objectif final est de trouver un code à trois chiffres et de souligner l'importance de la carte « énigme finale » distribuée au début.

Certaines équipes peuvent penser avoir fini l'*escape game* après avoir trouvé trois nombres, alors qu'il ne s'agit que de trois énigmes parmi six à résoudre avant celle finale.
Il faut en effet trouver six nombres : le rose, le rayé, le bleu, celui à pois, le jaune et le quadrillé.

Énigme 4 À pois ●●●●○○○

Objectif

Cette énigme permet aux élèves de comprendre à quelle fréquence il est recommandé de consommer les principaux macronutriments en utilisant un tableau à double entrée.

Déroulement

- Les élèves doivent trouver la carte au bord à pois noirs suivante.

À quelle fréquence devrait-on consommer ces aliments ?

	Au moins 5 fois par jour	Plusieurs fois par jour	Quelques fois par semaine	À limiter
Les produits laitiers	S	U	P	I
Du poisson	F	R	A	T
Des féculents	C	E	A	U
Des aliments gras, sucrés, salés, ou ultra-transformés, et des boissons sucrées	B	I	O	T
Des fruits et légumes	Q	M	S	E
De la viande	A	K	R	D

Aide possible : au besoin, une carte d'aide est disponible.

Associez la bonne fréquence à chaque type d'aliments pour trouver un code de six lettres.

Utilisez-les pour former un mot.

Résolution

Le nombre à trouver est : **QUATRE.**

La recette décryptée est :

Les produits laitiers sont à consommer plusieurs fois par jour → U.

Le poisson est à consommer quelques fois par semaine → A.

Les féculents sont à consommer plusieurs fois par jour → E.

Les aliments gras, sucrés, salés ou ultra-transformés et les boissons sucrées sont à limiter → T.

Les fruits et légumes sont à consommer au moins cinq fois par jour → Q.

La viande est à consommer quelques fois par semaine → R.

Énigme 5 Jaune ●●●●●○○

Objectif

Les élèves résolvent un problème de nombre de possibilités.

Déroulement

- Les élèves doivent trouver la carte au bord jaune suivante.

Dans ce restaurant, les clients prennent le menu constitué d'une entrée, d'un plat et d'un dessert.

Ils ont deux entrées au choix, deux plats au choix, et deux desserts au choix.

Combien de menus différents sont possibles ?

L'escapeur

MENU

Entrée (au choix)

Verrine betterave-maïs

Tartine tomate, fromage de chèvre

Plat (au choix)

Tagliatelles aux champignons

Courgettes farcies

Dessert (au choix)

Salade de fruits frais

Crème brûlée caramélisée

- Le MJ doit veiller à la compréhension de ce qui est demandé. Les élèves d'école élémentaire ne sont pas formés à l'élaboration d'arbre de probabilités.
- Il peut leur être conseillé de lister les possibilités, peut-être en nommant E1 et E2 les entrées possibles, P1 et P2 les plats, et D1 et D2 les desserts. Certains auront besoin de manipuler les six choix : ils peuvent alors découper six papiers.

Aide possible : le MJ peut aussi commencer la liste nécessaire. Dans ce cas, il suffit d'écrire le premier choix de l'entrée et son implication. Cette énigme est la plus difficile pour la majorité des groupes. Le MJ doit veiller à aider autant que nécessaire...

Résolution

Le chiffre à trouver est **8**.

Il y a huit possibilités de menus.

Énigme 6 Quadrillée

Objectif

Ici, les élèves doivent effectuer un calcul simplement en comptant le nombre de fourchettes et de cuillères trouvées dans la pièce.

Déroulement

- Les élèves doivent trouver la carte au bord quadrillé suivante.

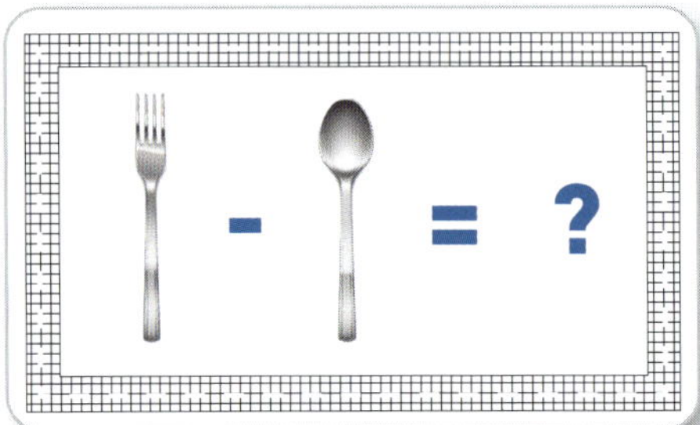

Aide possible : au besoin, une carte d'aide est disponible.

Résolution

Le nombre à trouver est : **1**.

Il y a huit fourchettes et sept cuillères, donc 8 – 7 = 1.

Énigme Finale

Ayant obtenu un nombre pour chacune des six énigmes et utilisant leur logique, les élèves vont effectuer des calculs simples pour trouver la combinaison.

Déroulement

- Les élèves reprennent la carte distribuée au départ.
- En additionnant les bons nombres ensemble, ils trouvent la combinaison du cadenas de la pièce.

> Mon premier est rose et rayé.
> Mon deuxième est bleu et à pois.
> Mon troisième est jaune et quadrillé.
>
> Mon tout donne trois chiffres qui permettent la liberté.

Aide possible : au besoin, une carte d'aide est disponible.

Résolution

La combinaison à trouver est : **979**.

Mon premier est rose et rayé.
rose + rayé = 7 + 2 = 9

Mon deuxième est bleu et à pois.
bleu + à pois = 3 + 4 = 7

Mon troisième est jaune et quadrillé.
jaune + quadrillé = 8 + 1 = 9

Mon tout donne trois chiffres qui permettent la liberté : 9 / 7 / 9.

Gestion de classe

→ Pour les premiers groupes ayant terminé

Les élèves peuvent réfléchir aux quatre catégories de légumes citées dans l'énigme 2 « Rayée », coder de nouveaux mots avec le code de l'énigme 3 « Bleue » ou donner des exemples pour chaque catégorie d'aliments citée dans l'énigme 4 « À pois ».

Ensuite, il est possible de proposer de résoudre des énigmes supplémentaires : voir la partie **Énigmes – BONUS** page 84.

On peut terminer la séance en distribuant le **diplôme de réussite ou de participation** à chaque élève.

L'équipe ....
de ....
a réussi avec brio
l'escape game
TOUS EN CUISINE
Bravo et mangez équilibré !
Le ..../..../.... École ....

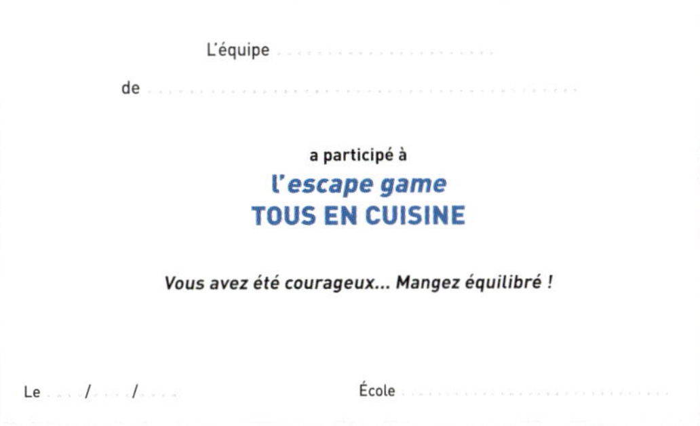
L'équipe ....
de ....
a participé à
l'escape game
TOUS EN CUISINE
Vous avez été courageux... Mangez équilibré !
Le ..../..../.... École ....

La **Feuille récapitulative** proposée permettra de revoir ultérieurement toutes les notions utilisées dans cet *escape game*.

7 TOUS EN CUISINE — Feuille récapitulative

Énigme 1 Rose
D'où viennent ces plats typiques ?
« Bagels from NYC » : ....
« Nouilles » : ....
« Pasta » : ....
« Pao de queijo » : ....
« Couscous » : ....
Quel est le continent habité non représenté dans cette énigme ?
Combien a-t-il de lettres ?
Réponse : ....

Énigme 2 Rayée
→ Trouvez tous les légumes fleurs, puis reliez-les dans cet ordre : a – b – c – a.
→ Trouvez tous les légumes fruits, puis reliez-les dans cet ordre : a – c – p – t puis h – m.
→ Trouvez tous les légumes racines, puis reliez-les dans cet ordre : b – c – p – r.
→ Trouvez tous les légumes feuilles, puis reliez-les dans cet ordre : l – m et e – é.

artichaut, orange, cerise, tomate, babouin, brocoli, chaussure, haricot, chou-fleur, chenille
courgette, avocat, poivre, artichaut, haricot, melon, hérisson, panthère, poivron, tomate
betterave, radis, courge, potiron, fraise, prune, crevette, cerise, carotte, pomme de terre
laitue, endive, légume, lentille, mirabelle, mûre, édredon, carotte, épinard, mâche

Complétez :

Légumes fleurs	Légumes fruits	Légumes racines	Légumes feuilles

ESCAPE GAMES PÉDAGOGIQUES

→ Prolongements possibles

- Si cela n'a pas été fait en amont, il est nécessaire de travailler les repères relatifs à l'alimentation du Programme national nutrition-santé (PNNS), ainsi que ceux relatifs à l'activité physique et à la sédentarité. C'est certainement ce qu'il y a de plus important.
- D'autres thèmes en lien peuvent être abordés : la nécessaire baisse de consommation de viande (poissons, œufs et produits laitiers) pour des raisons écologiques et sanitaires, la digestion, le fonctionnement du restaurant scolaire et d'un restaurant non scolaire (les deux pouvant être mis en parallèle)...

À partir du **CE2**

8 RECHERCHES SCIENTIFIQUES

Cet *escape game* s'organise autour d'une suite de sept énigmes. Il peut être organisé sur table avec seulement des photocopies : ce qui peut permettre de faire jouer une classe entière en même temps. Ce jeu peut aussi être transformé en *escape room* en cachant les cartes énigmes dans la salle de classe.

PITCH

Il peut être donné seulement à l'oral, car il est très simple.

« Bienvenue dans le monde merveilleux des sciences. Il va falloir résoudre sept énigmes, pour découvrir le nom d'un célèbre scientifique. Si vous êtes rapides, une énigme bonus sur ce scientifique est possible. Vous avez 60 minutes pour réussir à le découvrir. »

CONCEPT

Cet *escape game* utilise sept énigmes abordant des notions de sciences, d'étymologie et d'histoire des sciences. Il mélange mots croisés, texte à trous, mot à reconstituer, ou encore décryptage de codes. Il faut d'abord résoudre les six premières énigmes pour avoir accès à l'énigme finale.

OBJECTIFS GÉNÉRAUX

Ce jeu permet de travailler de très nombreuses notions de sciences (physique, chimie et biologie), ainsi que quelques notions d'étymologie et d'histoire avec Louis Pasteur et Marie Curie.

QUID DES PROGRAMMES DE 2020 ?

Le programme évoque les éléments suivants :

- « Décrire les états et la constitution de la matière à l'échelle macroscopique » ;
- « Quelques propriétés de la matière solide ou liquide (densité, solubilité, élasticité) » ;
- « La matière qui nous entoure (à l'état solide, liquide ou gazeux), résultat d'un mélange de différents constituants» ;
- « Les fonctions de nutrition et l'intégration des différentes fonctions » ;
- « Mettre en relation les paramètres physico-chimiques lors de la conservation des aliments et la limitation de la prolifération de micro-organismes pathogènes. Quelques techniques permettant d'éviter la prolifération des micro-organismes. La découverte du vivant par l'approche des micro-organismes (petites expériences pasteuriennes) » ;
- « Acquérir des repères orthographiques en s'appuyant sur la formation des mots et leur étymologie ».

ACTIVITÉS EN AMONT POSSIBLES

Il peut être utile d'avoir déjà travaillé sur quelques organes, la miscibilité des liquides, ainsi que les trois états de la matière.

TEMPS DONNÉ

Il n'est pas utile que chaque groupe finisse dans le temps imparti. Il sera même plus intéressant que certains groupes réussissent et pas d'autres. Au besoin, le maître de jeu (MJ) peut encourager les groupes à créer des sous-groupes pour gagner en efficacité. Il peut également donner des coups de pouce sous forme d'aide ou de conseil oral, s'il voit qu'un groupe commence à se lasser. Le temps prévu, 60 minutes, peut être réduit à 45 minutes, pour les joueurs plus âgés et/ou expérimentés.

CONSEILS

L'espace prévu entre deux groupes doit être suffisamment grand pour éviter d'entendre ce qui est dit à côté. Le MJ est invité à garder près de lui les indices d'aide à donner au besoin. En cas d'*escape room*, il tient à jour la liste des cachettes sur laquelle il note celles qui ont été découvertes. Il aidera à trouver les cartes restantes si nécessaire.

8 RECHERCHES SCIENTIFIQUES

MATÉRIEL **11 annexes à télécharger**

À imprimer en avance.

- → **Feuille récapitulative (et son corrigé)**
- → **Diplômes de participation et de réussite**
- → **Énigme bonus**
- → **Énigme 1 : Quelques organes** (1 carte)
- → **Énigme 2 : Les vers de terre** (2 cartes)
- → **Énigme 3 : La densité des liquides** (1 carte et 3 étiquettes à coller)
- → **Énigme 4 : Les états de la matière** (1 carte)
- → **Énigme 5 : Deux scientifiques à connaître** (1 carte)
- → **Énigme 6 : Étymologie** (1 carte)
- → **Énigme finale** (1 carte)

Gestion de classe

Cet *escape game* nécessite de préparer en avance l'énigme 3 sur la densité des liquides : une éprouvette (à défaut un verre) doit contenir de l'eau au sirop, une deuxième de l'huile de cuisine, et une troisième de l'alcool à 70°.

Sur ces trois éprouvettes, il faut coller les étiquettes correspondantes.

Idéalement prévoir un jeu de trois éprouvettes par groupe d'élèves.

Les élèves doivent aussi avoir à leur disposition des dictionnaires et encyclopédies.

Le maître du jeu (MJ) est invité à distribuer, à chaque groupe, les six premières énigmes en même temps. Les élèves choisissent ensuite seuls par quelle énigme ils préfèrent commencer.

Les énigmes 1 et 2 sont en deux parties, il faut commencer par la première.

Pour mettre les élèves dans l'ambiance, on peut décorer la salle de classe avec des éprouvettes ou des verres, des blouses blanches, des formules de mathématiques écrites au tableau, un squelette...

En cas d'*escape room*, il peut être utile de rajouter qu'il faut d'abord fouiller la pièce pour trouver les cartes énigmes, avant de pouvoir commencer à jouer.

Énigme 1 ●○○○○○○

Quelques organes

Partie 1 : Objectif

Les élèves doivent répondre aux questions pour trouver le nom de six organes. Pour cela, ils devront faire appel à leurs connaissances, et faire des recherches dans le dictionnaire si nécessaire.

Déroulement

- Les élèves décident de commencer par cette énigme. Ils ont à leur disposition les questions.

Retrouvez les six organes du corps humain qui se cachent dans cette grille de mots croisés.

1. Je suis un organe intrathoracique pair permettant l'échange des gaz vitaux, notamment l'oxygène et le dioxyde de carbone.
2. À proximité de la troisième lombaire, ma fonction principale est la filtration et l'épuration du sang, grâce à la fabrication de l'urine.
3. Je suis un organe musculaire situé dans le thorax. C'est moi qui pompe le sang.
4. Situé sous le crâne, c'est moi qui contrôle l'organisme !
5. Situé dans l'abdomen, je fais partie de l'appareil digestif. Je sécrète de la bile et remplis plus de trois cents fonctions vitales !
6. Dans l'abdomen, derrière l'estomac, je suis une glande annexe du tube digestif. Je produis du suc qui participe à la digestion et des hormones déversées dans le sang.

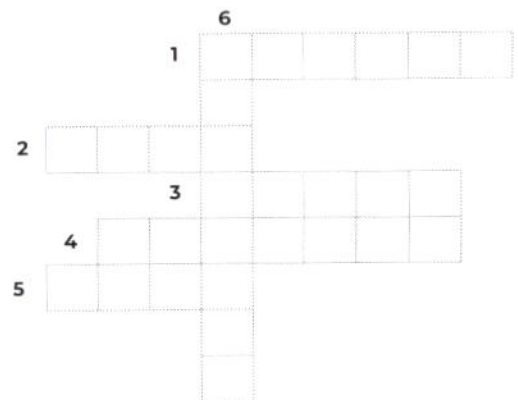

• Laisser les élèves travailler en autonomie.

Aide possible : il peut être nécessaire d'aider les groupes en mettant à leur disposition des dictionnaires.

Résolution

Les élèves doivent avoir trouvé les réponses suivantes :

				6					
			1	P	O	U	M	O	N
				A					
2	R	E	I	N					
			3	C	O	E	U	R	
	4	C	E	R	V	E	A	U	
5	F	O	I	E					
				A					
				S					

Partie 2 : Objectif

Ici, les élèves doivent trouver un adjectif en faisant appel à leurs connaissances et à la déduction pour résoudre l'énigme.

Déroulement

• Les élèves ont toujours à leur disposition la carte de l'énigme avec la question posée et peuvent demander un indice au MJ au besoin.

Les six organes trouvés ne sont pas n'importe lesquels !

Ils sont indispensables aux humains !

On dit que ce sont des organes . . . .

Retrouvez cet adjectif en 6 lettres qui se cache dans les définitions des mots croisés !

Aide possible : l'adjectif à trouver est écrit deux fois dans les définitions des mots croisés. Une fois au masculin pluriel et une fois au féminin pluriel.

Résolution

Le mot à trouver par les élèves est : **vitaux**.

Énigme 2 ●●○○○○○
Les vers de terre

Partie 1 : Objectif

Ici, les élèves doivent découvrir le nom d'un animal en faisant appel à leurs connaissances, à la déduction, et au besoin effectuer une recherche dans le dictionnaire.

Déroulement

• Les élèves ont la carte de l'énigme avec la question posée, des dictionnaires et peuvent demander un indice supplémentaire au MJ au besoin.

Devinette 1

Si on additionne tous les représentants de mon espèce alors notre masse totale est vingt fois supérieure à celle de tous les humains réunis.

Qui suis-je ?

• Indice 1 : Il y en a de 50 à 400 individus par mètre carré (parfois plus de 1 000 par mètre carré).

• Indice 2 : Il y en a plus de 7 000 espèces vivant sous nos pieds.

Aide possible : les élèves peuvent être tentés de deviner le nom de l'animal en posant des questions telles que « est-ce qu'il a des poils ? des plumes ? des écailles ? ». Ils sont aussi tentés d'émettre des hypothèses : « éléphants ? bactéries ? microbes ? fourmis ? insectes ? ». Le MJ répondra s'il le souhaite ou donnera une aide : « Mon autre nom est le lombric. »

Résolution

L'animal à trouver est le **ver de terre**.

Partie 2 : Objectif

Ici, les élèves doivent trouver le nom d'un organe que n'ont pas les vers de terre en faisant à nouveau appel à leurs connaissances et à la déduction.

Déroulement

- Les élèves ont à leur disposition la carte de l'énigme avec la question posée et peuvent demander un indice au MJ au besoin.

Devinette 2

Cet animal procède aux échanges gazeux nécessaires grâce à sa peau.

Quel organe allant par paire dont nous disposons n'a-t-il pas ?

Aide possible : « L'organe à trouver est présent dans la grille des mots croisés. »

Résolution

L'organe à trouver est le **poumon**.

Gestion de classe

Si les élèves dépassent les 25 minutes sur 60 depuis le début du jeu, il est nécessaire de les aider.

Énigme 3 ●●●○○○○
La densité des liquides

Objectif

Les élèves vont classer trois liquides selon leur densité pour découvrir le mot solution de l'énigme.

Déroulement

- Les élèves ont la carte avec sa consigne.
- Il est conseillé de placer les trois liquides étiquetés sur les tables de chaque groupe.

Pourquoi certains liquides se mélangent et d'autres pas ?

Quand des liquides se mélangent, on dit qu'ils sont miscibles. Ici, ces trois liquides ne sont pas miscibles, ils ne se mélangent pas.

Les plus « lourds » restent en dessous.

Compare la densité de ces trois liquides, c'est-à-dire leurs masses à quantités égales, en les classant du plus dense au moins dense.

Alcool	Huile	Eau avec du sirop
AT	RE	QU

Quel mot est formé ?

- Les élèves peuvent comprendre qu'il s'agit du mot quatre sans faire les expériences, mais ils les font tout de même avec plaisir !

Résolution

Les élèves doivent trouver le mot **quatre**.

Du plus dense au moins dense on obtient : l'eau au sirop, l'alcool, l'huile.

Ce qui donne : **QU-AT-RE.**

Énigme 4 ●●●●○○○
Les états de la matière

Objectif

Ici, les élèves doivent découvrir comment se nomme le passage de l'état solide à l'état liquide de la matière en décryptant un mot selon le code César.

Déroulement

- Les élèves ont la carte de l'énigme avec sa consigne et le mot crypté.

> On distingue trois principaux états de la matière : solide, liquide, gaz.
>
> La matière peut passer de l'un à l'autre. Le passage de l'état liquide à l'état solide s'appelle la solidification. Du liquide au gaz, c'est l'évaporation.
>
> **Comment s'appelle le passage du solide au liquide ?**
>
> Pour vous aider, vous disposez du mot crypté « IXVLRQ », codé selon le code de cryptage du code César +3.
>
> À vous de décrypter le mot d'origine pour trouver la bonne réponse à la question.
>
> Mot d'origine : ....

- Indice 1 : « D → A ; E → B ; etc. »
- Indice 2 : « Il faut enlever trois rangs à chaque lettre dans l'alphabet. »

Aide possible : Il peut être utile d'expliquer au préalable comment fonctionne le code César en donnant un exemple aux élèves, avec un code différent de celui de l'énigme.

Résolution

Le code César déchiffré donne le mot « fusion ».

Le codeur a fait +3, le décodeur doit faire −3, soit IXVLRQ → FUSION.

Énigme 5 ●●●●●○○

Deux scientifiques à connaître

Objectif

Les élèves devront reconstituer deux biographies emmêlées ; celles de Marie Curie et de Louis Pasteur. Cela leur permettra d'en apprendre plus sur ces deux scientifiques et de trouver les deux mots solutions de l'énigme.

Déroulement

- Les élèves ont la carte contenant les six morceaux de textes, ainsi que la consigne de l'énigme.

Reconstituez les deux biographies mêlées ci-dessous afin d'en apprendre plus sur Marie Curie et Louis Pasteur. Chacune est constituée de trois morceaux de texte.

1	J'ai obtenu mon permis de conduire et suis partie régulièrement sur le front réaliser des radiographies. Après la guerre, j'ai continué le développement d'approches thérapeutiques pour lutter contre le cancer grâce aux radiations du radium. Je suis reconnue comme une scientifique d'exception.	UM
2	Je suis né dans le Jura en 1822. J'ai étudié la chimie et la physique. Je me suis marié à Marie Laurent qui a été ma « meilleure collaboratrice », notamment en écrivant sous ma dictée, en réalisant les revues de presse et en veillant à mon image.	VA
3	J'ai proposé de chauffer le vin à 57 °C afin de tuer les germes et ai ainsi résolu le problème de sa conservation et du transport, c'est la pasteurisation. Je suis passé des fermentations aux maladies contagieuses. Je suis surtout connu pour avoir mis au point un vaccin contre la rage.	IN
4	J'ai été la première personne de mon sexe à obtenir le prix Nobel, ainsi que de nombreux autres titres et postes. Je reste la seule de mon sexe à avoir eu deux prix Nobel. Pendant la Première Guerre mondiale, j'ai notamment participé à la conception de dix-huit « ambulances radiologiques » qui permettaient de situer plus précisément dans le corps les éclats d'obus et les balles.	DI
5	Je suis née en 1867, à Varsovie, en Pologne. J'ai étudié les sciences physiques à Paris. Je me suis mariée à P. Curie avec qui j'ai partagé le prix Nobel de physique de 1903. J'ai étudié les rayonnements produits par l'uranium. Puis je me suis intéressée à d'autres matériaux. En 1898, je découvre le polonium, quatre cents fois plus radioactif que l'uranium, puis le radium, neuf cents fois plus rayonnant que l'uranium.	RA
6	J'ai montré que c'est en tant qu'être vivant que la levure agit. J'ai établi que dans le cas de la fermentation alcoolique, la levure tenue à l'abri de l'air vit en provoquant aux dépens du sucre une réaction chimique qui libère les substances dont elle a besoin et provoque en même temps l'apparition d'alcool. Je me suis chargé de la lutte contre les partisans de la « génération spontanée ».	CC

Quels sont les deux mots que vous avez reconstitués ?

Mot pour Marie Curie : ....

Mot pour Louis Pasteur : ....

Aide possible : il peut être nécessaire d'aider les groupes en mettant à leur disposition des encyclopédies.

Résolution

Les élèves doivent trouver le mot « Radium » pour Marie Curie et le mot « Vaccin » pour Louis Pasteur.

Ordre chronologique des bibliographies : Marie Curie (5 – 4 – 1), Louis Pasteur (2 – 6 – 3).

Énigme 6 ●●●●●●○

Étymologie

Objectif

Les élèves doivent trouver le seul mot de la liste proposée qui n'est pas d'origine grecque.

Déroulement

- Les élèves disposent de la liste de mots, accompagnée de la consigne de l'énigme.

8 RECHERCHES SCIENTIFIQUES (suite)

Quel mot n'est pas d'origine grecque ?

De nombreux mots scientifiques viennent du grec ancien. Il est aisé de reconnaître certains d'entre eux, par exemple ceux qui contiennent les lettres « th », « ph » et bien sûr le « y ».

Entourez l'intrus, parmi cette liste de mots :

Bibliothèque, pharmacie, téléphone, physique, thermomètre, géographie, polyèdre, cercle, chlorophylle, amphibien, cylindre.

Aide possible : les élèves peuvent s'aider en surlignant les « th », « ph » et « y » des mots de la liste pour les éliminer au fur et à mesure.

Résolution

Le mot « cercle » doit être entouré.

Gestion de classe

Si les élèves dépassent les 50 minutes sur 60 depuis le début du jeu, avec deux énigmes manquantes, il est nécessaire de les aider.

Les six premières énigmes résolues, le groupe obtient l'énigme finale.

Énigme finale ●●●●●●●

Objectif

Ici, les élèves doivent reprendre les sept mots trouvés, pour découvrir le nom du célèbre scientifique recherché en début de jeu. Ils devront suivre un code de couleurs pour trouver ce nom.

Déroulement

- Les élèves disposent de la carte de l'énigme finale ainsi que de leurs notes pour reprendre les sept mots trouvés.

Qui se cache derrière ces lettres ?

Bravo pour vos recherches ! Voici maintenant venu le temps de découvrir quel est le nom de ce célèbre scientifique que vous recherchez.

Pour vous aider à le trouver, reprenez les sept mots trouvés lors des énigmes et placez-les dans les mots à trous.

_ _ _ _ _ X
_ _ _ _ _ N
Q _ _ _ _ _
F _ _ _ _ _
V _ _ _ _ _
R _ _ _ _ _
C _ _ _ _ _

Le nom d'un célèbre chimiste : _ _ _ _ _ _ _ _ _

Résolution

Le nom du célèbre chimiste recherché est Lavoisier.

VITAUX
POUMON
QUATRE
FUSION
VACCIN
RADIUM
CERCLE

Le nom d'un célèbre chimiste : LAVOISIER

Gestion de classe

Pour les premiers groupes ayant terminé

L'énigme finale résolue, les élèves peuvent approfondir la thématique des sciences autour d'une ultime énigme.

Énigme bonus

Objectif

Ici, les élèves doivent décoder une célèbre citation d'Antoine Lavoisier.

Déroulement

- Les élèves disposent de la carte de l'énigme bonus, avec la citation cryptée et son tableau de décodage.

Résolution

La citation à trouver est : « **Rien ne se perd, rien ne se crée, tout se transforme.** »

Gestion de classe

→ Pour les premiers groupes ayant terminé

Selon leur motivation, il est possible de proposer de résoudre des énigmes supplémentaires : voir la partie **Énigmes – BONUS** page 84.

On peut terminer la séance en distribuant le **diplôme de réussite ou de participation** à chaque élève.

L'équipe ....

de ....

a réussi avec brio

l'escape game

RECHERCHES SCIENTIFIQUES

Bravo et continuez à en apprendre plus sur le monde qui vous entoure !

Le ..../..../.... École ....

L'équipe ....

de ....

a participé à

l'escape game

RECHERCHES SCIENTIFIQUES

Continuez à en apprendre plus sur le monde qui vous entoure !

Le ..../..../.... École ....

La **Feuille récapitulative** proposée permettra de revoir ultérieurement toutes les notions utilisées dans cet *escape game*.

→ Prolongements possibles

- travailler autour des organes rencontrés et d'autres, notamment autour de la digestion
- étude de vers de terre (il est facile d'en faire sortir de terre avec de la moutarde)
- mélanges et solutions
- expériences autour des états de la matière et de leurs transformations
- les levures, fermentations, champignons
- la vaccination
- le nucléaire
- l'étymologie (latin et grec entre autres)
- l'arc-en-ciel, la lumière...

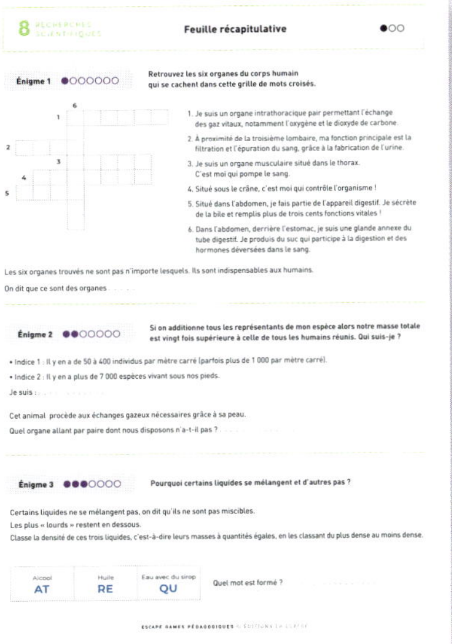
8 RECHERCHES SCIENTIFIQUES — **Feuille récapitulative** ●○○

Énigme 1 ●○○○○○○ **Retrouvez les six organes du corps humain qui se cachent dans cette grille de mots croisés.**

1. Je suis un organe intrathoracique pair permettant l'échange des gaz vitaux, notamment l'oxygène et le dioxyde de carbone.
2. À proximité de la troisième lombaire, ma fonction principale est la filtration et l'épuration du sang, grâce à la fabrication de l'urine.
3. Je suis un organe musculaire situé dans le thorax. C'est moi qui pompe le sang.
4. Situé sous le crâne, c'est moi qui contrôle l'organisme !
5. Situé dans l'abdomen, je fais partie de l'appareil digestif. Je sécrète de la bile et remplis plus de trois cents fonctions vitales !
6. Dans l'abdomen, derrière l'estomac, je suis une glande annexe du tube digestif. Je produis du suc qui participe à la digestion et des hormones déversées dans le sang.

Les six organes trouvés ne sont pas n'importe lesquels. Ils sont indispensables aux humains.

On dit que ce sont des organes ....

Énigme 2 ●●○○○○○ **Si on additionne tous les représentants de mon espèce alors notre masse totale est vingt fois supérieure à celle de tous les humains réunis. Qui suis-je ?**

- Indice 1 : Il y en a de 50 à 400 individus par mètre carré (parfois plus de 1 000 par mètre carré).
- Indice 2 : Il y en a plus de 7 000 espèces vivant sous nos pieds.

Je suis : ....

Cet animal procède aux échanges gazeux nécessaires grâce à sa peau.

Quel organe allant par paire dont nous disposons n'a-t-il pas ? ....

Énigme 3 ●●●○○○○ **Pourquoi certains liquides se mélangent et d'autres pas ?**

Certains liquides ne se mélangent pas, on dit qu'ils ne sont pas miscibles.

Les plus « lourds » restent en dessous.

Classe la densité de ces trois liquides, c'est-à-dire leurs masses à quantités égales, en les classant du plus dense au moins dense.

Alcool	Huile	Eau avec du sirop
AT	RE	QU

Quel mot est formé ? ....

ESCAPE GAMES PÉDAGOGIQUES © ÉDITIONS LA CLASSE

À partir du **CE2**

9 APPRENTIS AGENTS SECRETS

Cet *escape game* prend la forme d'un jeu de piste pour retrouver un espion suspect. Il nécessite seulement des photocopies : ce qui peut permettre de faire jouer une classe entière en même temps.

PITCH

« Vous avez été sélectionnés pour devenir des agents secrets ! Voici la dernière épreuve, rendez-vous dans différents endroits pour retrouver l'adresse d'un espion ennemi. Soyez bons en géographie et en anglais ! Si vous réussissez, vous serez agents secrets. Vous avez 60 minutes. »

CONCEPT

Cet *escape game* utilise quatre énigmes à résoudre dans un ordre linéaire permettant aux élèves de visiter différents endroits.
Les apprentis agents secrets doivent résoudre des énigmes en anglais pour trouver quoi faire, où aller… jusqu'à trouver l'adresse d'un éventuel espion.

OBJECTIFS GÉNÉRAUX

Ce jeu permet de travailler beaucoup de vocabulaire en anglais. Quelques calculs seront aussi nécessaires pour mener à bien la mission.
Toutes les consignes sont en anglais.

QUID DES PROGRAMMES DE 2020 ?

Côté langue vivante, dans les programmes de 2020, on retrouve : « Lire et comprendre », c'est-à-dire : utiliser le contexte, les illustrations et les connaissances pour comprendre un texte ; reconnaître des mots isolés dans un énoncé, un court texte ; s'appuyer sur des mots outils, des structures simples, des expressions rituelles ; percevoir la relation entre certains graphèmes et phonèmes spécifiques à la langue.

Niveau A1 : les textes sont très courts et simples ; les mots sont familiers et les expressions très élémentaires. Des documents visuels aident l'élève à accéder au sens.

Niveau A2 : les textes sont courts et simples. Les aides visuelles sont moins nombreuses. L'élève comprend globalement le texte et y prélève des informations.

ACTIVITÉS EN AMONT POSSIBLES

Vous pouvez travailler le vocabulaire anglais des métiers, des commerces, des calculs, des sports, des vêtements et accessoires, des couleurs, des habitations (toit, fenêtre, porte, immeuble, maison).
Mais ce n'est pas une obligation puisque les élèves ont accès à un traducteur en ligne.

TEMPS DONNÉ

Le temps prévu, 60 minutes, peut être réduit à 50 minutes si les élèves sont à l'aise en l'anglais. Il n'est pas utile que chaque groupe finisse dans le temps imparti.
Il sera même plus intéressant que certains groupes réussissent et pas d'autres. À l'inverse, il ne faut pas que les élèves soient démotivés, le MJ pourra donner des coups de pouce s'il voit qu'un groupe commence à se lasser.

CONSEILS

Même si les élèves utilisent le traducteur en ligne, il ne faut pas traduire tout et n'importe quoi…

9 APPRENTIS AGENTS SECRETS

MATÉRIEL

À imprimer en avance.

11 annexes à télécharger

- **Feuille récapitulative (et son corrigé)**
- **Diplômes de participation et de réussite**
- **Énigme Petit plus**
- **Énigme 1** (4 cartes)
- **Énigme 2** (3 cartes)
- **Énigme 3** (3 cartes)
- **Énigme finale** (6 cartes)
- **Énigme bonus**
- **Carte d'agent secret**

Gestion de classe

Cet *escape game* nécessite l'utilisation d'un ordinateur par groupe de travail avec un accès internet. Les élèves vont devoir utiliser un moteur de recherche et un traducteur en ligne.

Les élèves doivent aussi avoir à leur disposition des dictionnaires et encyclopédies ainsi que des planisphères.

Le maître du jeu (MJ) est invité à distribuer, à chaque groupe, les énigmes au fur et à mesure de leur progression.

Pour les trois premières énigmes, une carte de résolution est disponible pour permettre aux élèves de continuer à avancer.

Le petit plus : l'énigme de départ

Mon premier est un tissu sur le lit.
Mon second recouvre notre corps.
Mon tout est un symbole à trois couleurs ici.

Pour mettre les élèves dans l'ambiance, une première petite énigme est possible sous forme de charade.

Les élèves trouvent le mot « drapeau » (drap + peau) qui peut-être le mot de passe pour ouvrir la session de l'ordinateur.

Énigme 1 ●○○○
Good place & good number

Objectif

Pour cette énigme, les élèves vont devoir comprendre des consignes en anglais pour retrouver le bon lieu et le bon nombre.

Déroulement

- Les élèves reçoivent les 3 cartes de l'énigme.

Aide possible : le MJ peut préciser qu'il attend un nom de lieu et un nombre. Il faut inciter certains groupes à utiliser le traducteur en ligne (pour les mots « waiter » et « third » notamment) et peut-être en aider d'autres côté calculs.

Good place & good number

Do not talk to the teacher.
Do not talk to the mechanic.
Do not talk to the waiter.
Do not talk to the priest.

Good place & good number

Multiple of 3 and 5,
between the triple of 25
and the third of 315.

Résolution

Les élèves doivent donc se rendre dans la banque avec le nombre 90.

On ne doit pas parler au professeur (*teacher*), ni au mécanicien (*mechanic*), ni au serveur (*waiter*), ni au prêtre (*priest*).

« *Multiple of 3 and 5, between the triple of 25 and the third of 315* » signifie « multiple de 3 et 5, entre le triple de 25 et le tiers de 315. »

$3 \times 25 = 75$

$315 \div 3 = 105$

Le seul multiple de 3 et 5 entre 75 et 105 est **90**.

Gestion de classe

Les groupes ayant réussi reçoivent une nouvelle carte. Elle permet de continuer l'enquête. Si les élèves dépassent les 10 minutes depuis le début du jeu, il est nécessaire de les aider.

Good place & good number

L'employé de banque vous remet
le contenu du coffre n° 90.
C'est un énorme sac rempli
de balles et ballons
et quelques indications !
Il vous faut aller dans
une autre rue, mais laquelle ?

Énigme 2 ●○○○
The street

Objectif

Ici, les élèves ordonnent des balles et ballons de sport selon leur taille en réfléchissant à l'échelle.

Déroulement

- Les élèves reçoivent le plan avec le nom des rues en anglais, et la carte avec les photos de balles et ballons.

From small to big

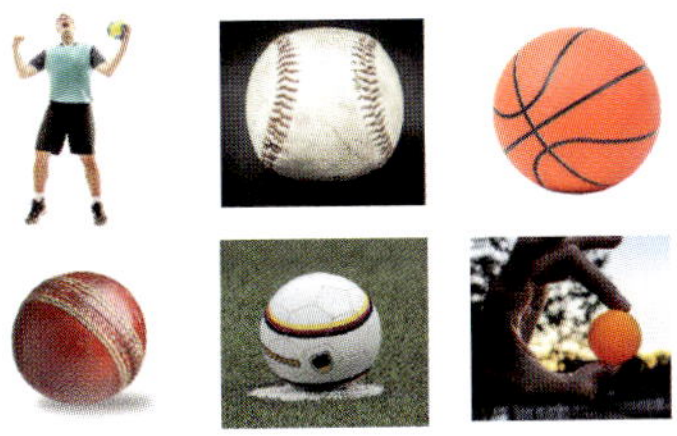

T _ _ _ _ _ _ _ _ _ _

_ _ _ _ _ _ _

_ _ _ _ _ _ _ _

_ _ _ _ _ _ _ _

_ _ _ _ _ _ _ _

B _ _ _ _ _ _ _ _ _

Aide possible : le MJ peut rappeler qu'il attend un nom de rue. Il peut à nouveau inciter certains groupes à utiliser le traducteur en ligne pour la consigne en anglais. Il peut aussi aider à reconnaître les sports des balles et ballons utilisés (notamment cricket et handball) et à trouver leurs noms en anglais (tabletennis).

Résolution

TABLE TENNIS
CRICKET
BASE BALL
HANDBALL
FOOTBALL
BASKET BALL

Les lettres en vert « TIEHAT » renvoient à une des rues du plan.

Gestion de classe

Les groupes ayant réussi reçoivent une nouvelle carte. Elle permet de continuer l'enquête.

From small to big

Bravo ! Vous avez réussi !
Vous vous rendez dans
la rue indiquée.
Mais quelle est la bonne maison ?

Le MJ peut faire remarquer que les noms de rues sont des vêtements et accessoires.

Si les élèves dépassent les 25 minutes depuis le début du jeu, il est nécessaire de les aider.

Énigme 3 ●●●○
The house

Objectif

Pour cette énigme, les élèves doivent identifier la bonne maison à partir de son portrait pour retrouver le pays d'où provient le permis de conduire abîmé.

Déroulement

Les élèves reçoivent le permis de conduire abîmé, un dessin de « Tie and Hat Street » et les consignes de l'énigme.

Which street?

C'est dans les poubelles que l'on découvre souvent de bons indices.

En voici deux qui étaient dans la poubelle de *Tie and Hat Street*.

Trouvez dans quel pays est parti le suspect et quelle maison il vous faut fouiller.

Which house?

« A big purple house with a brown roof and four windows. »

Aide possible : le MJ peut préciser qu'il attend un nombre, le numéro de la maison décrite et le nom du pays.

Résolution

Le permis de conduire (que le suspect n'a eu le temps que de brûler en partie) provient des États-Unis d'Amérique : on peut lire « state » et voir le drapeau états-unien.

« *A big purple house with a brown roof and four windows* » signifie « une grande maison violette avec un toit marron et quatre fenêtres ». Il s'agit de la maison n° 8.

Gestion de classe

Les groupes ayant réussi reçoivent une nouvelle carte. Elle permet de continuer l'enquête.

The house

Bravo ! Vous avez réussi !
Vous pénétrez dans la bonne maison et découvrez que le suspect est déjà en fuite !
Il est certainement déjà reparti aux États-Unis.

Fouillez la maison pour trouver l'adresse précise du suspect !

Si les élèves dépassent les 40 minutes depuis le début du jeu, il est nécessaire de les aider.

Énigme finale ●●●●
The complete address

Objectif

Cette énigme, plus longue et difficile que les autres, permet aux élèves de découvrir les différents États des États-Unis d'Amérique et d'approfondir leurs connaissances en géographie en recherchant des capitales du monde entier, ainsi que la ville, la rue et le numéro de résidence de l'espion suspecté.

Déroulement

Les élèves reçoivent une carte du monde avec des pays numérotés, une carte des États-Unis d'Amérique avec ses 50 États, ainsi que les 4 cartes d'énigmes.

_ _ _ _ _ = country of pandas.
_ _ _ _ _ _ _ _ _ = country of tango.
_ _ _ _ _ = country with a red, white and green flag with a cedar on it.
_ _ _ _ _ _ = country of pizza and tiramisu.
_ _ _ _ _ _ _ _ = country of sauna and korvapuusti.
_ _ _ _ _ _ _ = country of Kampala.
_ _ _ _ _ _ = country of matryoshkas.
_ _ _ _ _ = country of Everest (with Tibet).
_ _ _ _ _ _ _ = country celebrated the 17th of March.
_ _ _ _ _ _ _ _ _ = country of kangaroos.

MERCI...
.... in Italian → letter number two
.... in Portuguese → letter number one
.... in Spanish → letter number four
.... in English → letter number
.... in Dutch → letter number n
.... in Finnish → letter number
.... in German → letter number
_ _ _ _ _ _ _ = ...

Capital letters of the capital cities.
1 → .... → .... → ....
2 → .... → .... → ....
3 → .... → .... → ....
4 → .... → .... → ....
5 → .... → .... → ....
6 → .... → .... → ....
7 → .... → .... → ....
8 → .... → .... → ....
9 → .... → .... → ....
10 → .... → .... → ....

Half the sum of the products
of 30 by 200 and 11 by 30.
....

Aide possible : le MJ peut préciser qu'il faut donner l'adresse complète du suspect : un État américain, une ville, une rue et un numéro de rue. Il peut inciter les élèves à réfléchir aux différentes énigmes tous ensemble ou en se les répartissant. Par exemple, pour l'État, en s'aidant de la carte, il n'est pas utile de trouver tous les pays, pays qui sont à écrire en français. Pour les noms de la ville et de la rue, il faut en revanche trouver chaque lettre donc chaque mot. Le MJ peut en donner quelques-uns.

Certains groupes pourraient avoir besoin d'aide pour les calculs.

Résolution

Which state ?

C HINE (pays dans lequel il y a des pandas)
A RGENTINE (pays du tango)
L IBAN (pays dont le drapeau est rouge, blanc, vert avec un cèdre)
I TALIE (pays de la pizza et du tiramisu)
F INLANDE (pays du sauna et du korvapuusti)
O UGANDA (pays dont la capitale est Kampala)
R USSIE (pays des matriochkas.)
N EPAL (pays qui se partage l'Everest avec le Tibet)
I RLANDE (pays fêté le 17 mars)
A USTRALIE (pays des kangourous)

→ California (Californie)

Which town ?

MERCI…
« grazie » en italien → deuxième lettre : R
« obrigado/a » en portugais → première lettre : O
« gracias » en espagnol → quatrième lettre : C
« thank you » en anglais → cinquième lettre : K
« dankjewel » en néerlandais → neuvième lettre : L
« kiitos » en finnois → deuxième lettre : I
« danke » en allemand → troisième lettre : N

→ R + O + C + K + L + I + N = ROCKLIN

Which street ?

Capital letters of the capital cities.
1 → Danemark → Copenhague → C
2 → Algérie → Alger → A
3 → France → Paris → P
4 → Pakistan → Islamabad → I
5 → Corée du Sud → Séoul → S
6 → Géorgie → Tbilissi → T
7 → Islande → Reykjavík → R
8 → Paraguay → Asunción → A
9 → Kenya → Nairobi → N
10 → Canada → Ottawa → O

Il faut trouver : « **Capistrano Street** ».

Which number ?

« *Half the sum of the products of 30 by 200 and 11 by 30.* » signifie « La moitié de la somme des produits de 30 par 200 et 11 par 30. »

30 × 200 = 6 000

11 × 30 = 330

6 000 + 330 = 6 330

6 330 ÷ 2 = 3 165

Énigme bonus The license plate

Objectif

Ultime énigme pour les plus motivés, ici, il faudrait faire preuve de logique et de déduction.

Déroulement

Les élèves recherchent la plaque d'immatriculation du suspect grâce à cette dernière carte.

Résolution

Il faut compter les voyelles de « *Count the vowels.* »
o, u, e, o, e → 5 voyelles
5 + 1 = SIX
(17 – 12) × 25 + 13 = 5 × 25 + 13 = 125 + 13 = 138.
La plaque d'immatriculation est : **5 SIX 138**.

Gestion de classe

→ Pour les premiers groupes ayant terminé

Les élèves peuvent chercher l'adresse trouvée sur internet ou un équivalent. Il s'agit juste d'une maison américaine sans rien de particulier. Les espions savent se faire passer pour des gens ordinaires !

Selon leur motivation, il est possible de proposer de résoudre des énigmes supplémentaires : voir la partie **Enigmes – BONUS** page 84.

La carte d'agent secret est remise à chacun, même à ceux qui ont échoué pour qu'ils ne soient pas trop déçus ! Cette carte fait son effet et permet d'apprendre encore quelques mots de plus en anglais.

On peut terminer la séance en distribuant le **diplôme de réussite ou de participation à chaque élève.**

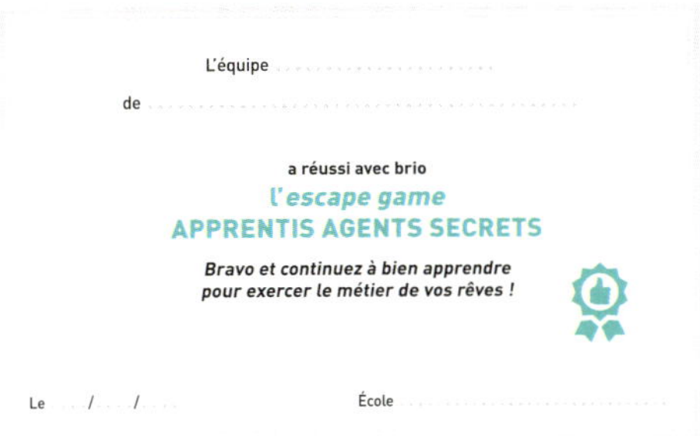

L'équipe ....

de ....

a réussi avec brio

l'escape game

APPRENTIS AGENTS SECRETS

Bravo et continuez à bien apprendre pour exercer le métier de vos rêves !

Le ..../..../.... École ....

L'équipe ....

de ....

a participé à

l'escape game

APPRENTIS AGENTS SECRETS

Continuez à bien apprendre pour exercer le métier de vos rêves !

Le ..../..../.... École ....

La **Feuille récapitulative** proposée permettra de revoir ultérieurement toutes les notions utilisées dans cet *escape game*.

→ Prolongements possibles

- Les prépositions de lieu en anglais : *on, in, under, between* (ce dernier est utilisé dans l'énigme 1)
- Calculs en anglais : les élèves connaissent déjà les nombres, il suffit de leur apprendre quelques mots supplémentaires : *plus, minus, multiplied by, divided by, half, double, triple, third...*
- Les sports joués dans les pays anglophones
- Le vocabulaire des vêtements et accessoires en anglais
- Le vocabulaire des habitations et des villes en anglais, par exemple faire décrire toutes les maisons de l'énigme 3 en ajoutant les couleurs des portes, voire les situations des unes par rapport aux autres
- Les langues du monde : avec la dernière énigme, on peut remarquer que certaines langues se ressemblent (italien et espagnol, allemand et néerlandais)
- Pays, capitales, continents...

#ÉNIGMES BONUS

Quelques exemples à utiliser directement ou à adapter

ÉNIGMES FAISANT APPEL À LA LOGIQUE

→ Trouver un intrus

Pour les plus jeunes des listes basées sur la phonologie ou des listes thématiques. Pour les plus grands, un travail sur les classes grammaticales.

#1

Barre les intrus.

chien	violon	collier
grenouille	xylophone	poireau
canari	trompette	haricot
trompette	piano	navet
moustique	sacoche	carotte

Résolution

~~trompette~~, les autres sont des animaux.
~~sacoche~~, les autres sont des instruments de musique.
~~collier~~, les autres sont des légumes.

#2

Barre les intrus.

courir	court	doucement
jouer	sympathique	vent
dormir	agréable	demain
poirier	beau	trop
secouer	danger	joliment

Résolution

~~poirier~~ (nom), les autres sont des verbes.
~~danger~~ (nom), les autres sont des adjectifs.
~~vent~~ (nom), les autres sont des adverbes.

→ Résoudre des problèmes de logique

#3

Une bougie met 10 minutes à se consummer totalement. Pour l'anniversaire de Youssef, on en allume huit.

Au bout de combien de temps seront-elles consummées si « Youyou » ne les souffle pas ?

Résolution

Au bout de 10 minutes : elles se consumment en même temps, pas de calcul à faire.

#4

Une bouteille pleine pèse 600 grammes, une bouteille vide pèse 150 grammes.

Combien pèse une bouteille à moitié pleine ?

Résolution

La masse du liquide d'une bouteille pleine :
600 – 150 = 450 grammes.
Sa moitié plus la bouteille vide :
450 ÷ 2 + 150 = 225 + 150 = 375 grammes.

#5

Une fratrie est constituée de sept filles et de garçons. Chaque fille a deux frères.

De combien d'enfants est constituée la fratrie ?

Résolution

7 + 2 = 9. La fratrie est constituée de 9 enfants.
Il ne faut surtout pas multiplier le nombre de frères !

#6

Maxime a autant de frères que de sœurs.
Chacune de ses sœurs a deux fois plus de frères que de sœurs.

De combien d'enfants est constituée la fratrie ?

Résolution

La fratrie est constituée de 7 enfants : 4 garçons et 3 filles.

#7

Monsieur Abel accuse Monsieur Belmond qui accuse Mme Chavir. Aucun innocent n'a menti.

Qui est coupable ?

Résolution

Monsieur Belmond est le coupable.

#8

Un extraterrestre double sa grosseur chaque jour. Il lui faut 100 jours pour atteindre sa taille maximale.

Au bout de combien de jours a-t-il atteint la moitié de sa taille ?

Résolution

Au bout de 99 jours.

#9 Énigme difficile

Comment peut-on couper un cake (parallélépipède rectangle) en 8 morceaux égaux en trois coups de couteau ?

Il faut penser en trois dimensions.

Résolution

Il faut utiliser les deux axes de symétrie d'une des faces (rectangle) puis couper dans la hauteur.

#10

Trouve le dessin suivant.

Résolution

Il faut avoir reconnu les chiffres 1 ; 2 ; 3 ; 4 avec leur symétrique. 5 et son symétrique sont donc attendus.

#11

Sophie est assistante sociale. Elle dîne avec trois amis qui sont professeur, employé de banque et infirmier. Elle est à gauche de Ludovic. Cédric est à la droite du professeur. Alain, qui est assis en face de Ludovic, n'est pas employé de banque.

Quel ami a quel métier ?

Résolution

Ludovic est professeur, Cédric employé de banque et Alain infirmier.

→ Jeux de logique

#12 Tableaux à double entrée

Complète de manière à avoir le même nombre de formes par ligne et par colonne demandé.

	1 ▮	2 ▮	1 ▮
2 ⬮			
2 ▲			
2 ▮			

Résolution

	1 ▮	2 ▮	1 ▮
2 ⬮	⬮	▮	⬮
2 ▲	▲	▲	▮
2 ▮	▮	▮	▲

#13 Formes à compléter

Complète.

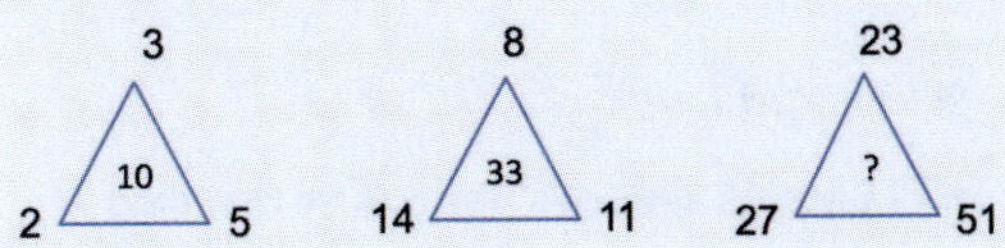

Résolution

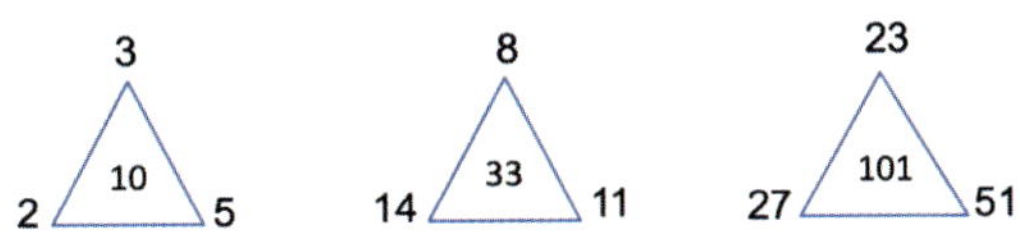

→ Suites à compléter

#14 La suite de Fibonacci

1 1 2 3 5 8 13 21 34 55

Résolution

Il faut additionner les deux nombres précédents.

#15 La suite de Conway

1
11
21
1211
111221
312211
13112221

Résolution

On écrit ce que l'on dit à la ligne précédente.

Il y a aussi le jeu du démineur, les sudokus à compléter entièrement ou seulement à finir...

ÉNIGMES NÉCESSITANT SURTOUT DES CALCULS

#16 Calculs avec chiffres romains

XV + XX =
L – IX =
C – L – III =

Résolution

XV + XX = 15 + 20 = 35
L – IX = 50 – 9 = 41
C – L – III = 100 – 50 – 3 = 47

#17 Calculs avec des notions de français

Homonyme de « ce » au féminin
Contraire de « moins »
« reines » au masculin avec un « t » devant.

Résolution

7 + 3 = 10

#18 bis Calculs avec des notions de français

Antonyme de « moins »
Antonyme de « petit »
Antonyme de « diviseur »
Devant « rien » en réponse à « merci ».
Homonyme de la préfecture de l'Aube.
Antonyme de « supérieur »
Homophone de « a » et « ah »
Homonyme de « sang » et « sans »

Résolution

Plus grand multiple de trois (Troyes) inférieur à cent → 99.

#19 Signes à retrouver

2 7 5 8 = 11
11 7 5 3 = 16
20 2 4 1 = 13

Les nombres et le résultat du calcul sont donnés. Il faut ajouter les signes effacés.

Résolution

2 × 7 + 5 – 8 = 11
11 + 7 – 5 + 3 = 16
20 ÷ 2 + 4 – 1 = 13

#20 Le compte est bon / Mathador

Trouver quels calculs faire avec les nombres donnés pour atteindre le nombre cible donné.

Comment faire 184 avec 5 ; 25 ; 14 ; 7 ?

Résolution

25 × 7 + 14 - 5 = 184

#21 Calculs complexes nécessitant une stratégie

Trouve les trois nombres consécutifs dont la somme est 84.

Résolution

27 + 28 + 29 = 84

Il est possible de procéder par essais – erreurs, mais il est plus rapide de diviser 84 par 3 pour trouver le nombre médian.

#22 bis Calculs complexes nécessitant une stratégie

Calculer la somme des nombres entiers de 1 à 99, c'est-à-dire 1 + 2 + 3 ... + 99.

Résolution

1 + 99 = 100
2 + 98 = 100
3 + 97 = 100
...
50 × 100 = 5000

#23 Calcul avec chiffres mystères

```
   ?!
 + ?!
 + ?!
 + ?!
 ----
  !24
```

Résolution

! = 1 ; ? = 3

#23 bis Calcul avec chiffres mystères difficile

Un indice peut être donné : il faut une retenue dans la colonne des dizaines.

```
   OUI
 + OUI
 -----
   NON
```

Résolution

I = 8 ; N = 6 ; U = 1 ; O = 3
318 + 318 = 636

#24 Calculs à faire à l'envers

Quand tu as multiplié mon nombre par 4, enlève 7, tu obtiens 109. Quel est mon nombre ?

Résolution

109 + 7 = 116

116 ÷ 4 = 29

#25 Calculs à faire à l'envers bis

Anatole, Bertrand, Charlotte et Daniel ont chacun une friandise préférée : chocolat au lait, chocolat blanc, caramel, et chocolat noir. Anatole déteste le chocolat au lait et le chocolat blanc. Bernard adore le caramel. Charlotte ne supporte pas le chocolat blanc. Qui aime quoi ?

Résolution

Anatole aime le chocolat noir, Bertrand le caramel, Charlotte le chocolat au lait, et Daniel le chocolat blanc.

#26 Calcul à faire à l'envers ter

Complète avec le nombre qui convient écrit en lettres :
« Si, si ! Cette phrase contient .... fois la lettre i ! »

Résolution

Il faut rajouter « six ».

CODAGES

#27 Morse

Le code Morse permet de transmettre un texte à l'aide de séries d'impulsions courtes et longues produites par des signes, une lumière, un son ou un geste. On symbolise les impulsions courtes par des points et les longues par des traits.

-... .-. .- ...- --- -... --- -. - .-. .- ...- .- .. .-..

Résolution

Bravo bon travail.

Pour coder et décoder directement le morse : https://www.dcode.fr/code-morse

#28 Braille

Le braille est un système d'écriture tactile à points saillants inventé par Louis Braille qui avait perdu la vue à la suite d'un accident.

Résolution

Pour les malvoyants.

Pour coder et décoder directement le Braille : https://www.dcode.fr/alphabet-braille

#29 Code César

Le code César est une méthode de chiffrement très simple utilisée par Jules César dans ses correspondances secrètes. Il s'agit d'un chiffrement par décalage de trois sur la droite : « d » pour « a », « e » pour « b »...

Frpph Fhvdu

Résolution

Comme César

Pour coder et décoder directement comme César : https://www.dcode.fr/chiffre-cesar

Il y a aussi l'alphabet sémaphore, les codes Vigenere (compliqué), binaire, pour Thymio...

GÉOMETRIE ET MESURES

→ Donner le nombre de figures dans une figure complexe

#30

Donne le nombre de triangles contenant exactement cinq smileys.

Résolution

Trois.

#31

Combien de triangles peux-tu compter ?

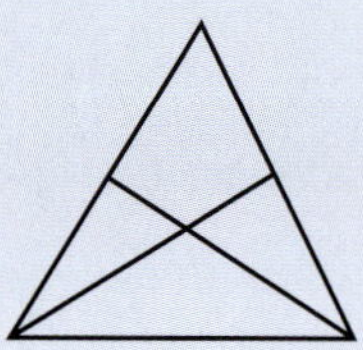

Résolution

Huit.

#32

Combien de triangles peux-tu compter ?

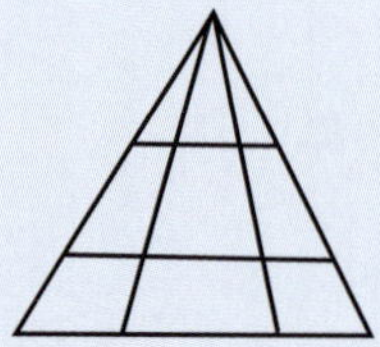

Résolution

Dix-huit.

→ Donner la mesure d'un angle manquant

#33

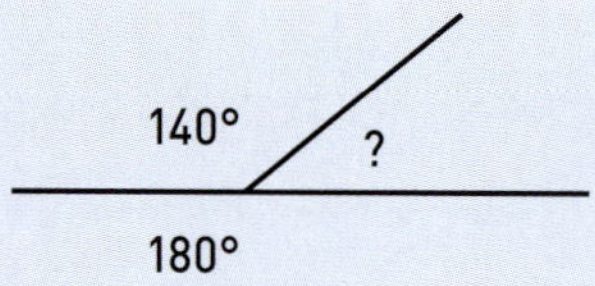

Résolution

180 – 140 = 40°

→ Ranger selon les mesures estimées des masses, contenances, ou longueurs

#34

Range selon la masse, du plus léger au plus lourd.

coccinelle – fourmi – éléphant – chien - baleine

Résolution

fourmi, coccinelle, chien, éléphant, baleine

→ Problèmes avec des balances de Roberval

#35

1 flacon + 3 bouteilles = 1 bouteille + 5 flacons

À combien de flacons équivaut la masse d'une bouteille ?

Un indice possible : enlever une bouteille et un flacon de chaque côté de la balance.

Résolution

La masse d'une bouteille équivaut à deux flacons.

NUMÉRATION

→ Résoudre des problèmes liés à la numération

#36

Dans la rue de notre énigme, les bâtiments sont numérotés de 1 à 24. Combien de fois le chiffre 2 est-il utilisé ?

Résolution

Il est utilisé huit fois.

#37

Combien de nombres de 4 chiffres puis-je écrire avec seulement les 2 mêmes chiffres ?

Résolution

Quinze, exemple avec 0 et 1 : 0000 ; 0001 ; 0010 ; 0100 ; 1000 ; 0101 ; 0110 ; 1001 ; 1100 ; 1010 ; 1110 ; 0111 ; 1011 ; 1101 ; 1111.

→ Trouver un nombre dont le portrait est donné

Aux plus jeunes, on peut donner un jeu de dominos en indiquant le premier de la suite et en demandant de trouver le dernier.

#38

Je suis plus grand que 12 et plus petit que 20, je suis dans la table de 5. Qui suis-je ?

Résolution

Je suis 15.

#39

Nombre pair supérieur à 145 et inférieur à 200, je suis divisible par 13 et 3.

Qui suis-je ?

Résolution

Je suis 156.

#40

Mon chiffre des dizaines est le chiffre des unités de millions de 14 847 200.

Mon chiffre des unités de mille est le chiffre des unités de 17 451.

Mon chiffre des centaines est le double de celui des dizaines.

Mon chiffre des unités est la moitié du triple du chiffre des dizaines de millions de 824 155 623.

Qui suis-je ?

Résolution

Je suis 1 843.

JEUX AVEC DES MOTS

→ Mots mêlés

#41

Trouve les noms de fleurs suivants :

tulipe, pensée, narcisse, jonquille, géranium, lilas, iris, ortie, œillet, lys, lotus, sauge, lin.

E	S	S	I	C	R	A	N
I	V	E	O	R	T	I	E
M	T	L	O	L	I	L	E
O	U	L	T	Y	R	I	E
E	T	I	S	S	I	L	S
I	L	U	N	A	S	A	N
L	O	Q	L	A	U	S	E
L	T	N	L	I	R	G	P
E	U	O	E	E	P	E	E
T	S	J	L	I	N	E	G

Il te reste seulement 8 lettres non utilisées.

Quel nom de fleur peux-tu former avec ?

Résolution

E	S	S	I	C	R	A	N
I	V	E	O	R	T	I	E
M	T	L	O	L	I	L	E
O	U	L	T	Y	R	I	E
E	T	I	S	S	I	L	S
I	L	U	N	A	S	A	N
L	O	Q	L	A	U	S	E
L	T	N	L	I	R	G	P
E	U	O	E	E	P	E	E
T	S	J	L	I	N	E	G

La fleur cachée est la violette.

→ Charades à résoudre

#42

Mon premier est long chez la girafe.
Mon deuxième est donné par une montre, une horloge, un réveil ou autre.
Mon tout a différentes nuances.

Résolution

cou + l'heure → couleur

#43

Mon premier peut être la sculpture, la peinture, la musique, le cinéma...
Mon deuxième est formé d'une ou plusieurs lettre(s).
Mon troisième est le logement des oiseaux.
Mon quatrième est entre « j » et « l ».
Mon tout est un instrument de musique à vent.

Résolution

art + mot + nid + k → harmonica

#44

Mon premier porte les voiles d'un navire.
Mon deuxième est un rongeur souvent mal aimé.
Mon troisième est un gros poisson souvent mis en boîte.
Mon tout est de 42,195 km.

Résolution

mât + rat +thon → marathon

#45

Mon premier est un déplacement dans l'air.
Mon deuxième est avoir au passé simple, à la première personne du pluriel.
Mon tout est calculé en mathématiques.

Résolution

vol + eûmes → volume

→ Charades à créer

En donnant des mots s'y prêtant bien... puis à inventer librement.

#46

Crée des charades pour les mots suivants : Afrique, saumon, rideau, orange, véritable, crocodile, nénuphar.

→ Anagrammes

#47

Mélange les lettres de chacun de ces mots et retrouve un mot en utilisant toutes les lettres.

chien →
peurs →
crime →
crasse →
manoir →
maire →
gérant →
aspirine →

Résolution

chien → niche
peurs → super
crime → merci
crasse → casser
manoir → romain
maire → aimer
gérant → argent
aspirine → parisien

→ Phrase écrite à l'envers

#48 Version facile avec majuscule et point :

.alec emmoc eril A

Résolution

A lire comme cela.

#48 bis Plus difficile

alec emmoc eril à

Résolution

à lire comme cela

→ Phrase cachée dans un texte

#49

Trouve la phrase mystère en commençant par la fin, depuis le haut vers le bas.

Je suis allé à Amsterdam.
Cette grande ville est
intéressante. Elle est tout en bas.
Pas au sud ! En dessous de la mer ! Dans le pays
d'Anne Frank, un emblème, une des
enfants ayant atrocement souffert dans cette capitale.
J'ai visité sa maison. Elle, elle est encore là.

Résolution
Il faut lire le dernier mot de chaque ligne de haut en bas.
La capitale des Pays-Bas est Amsterdam.

#50

Trouve la phrase mystère en commençant par la fin, depuis le haut vers le bas.

Je suis allé à Pretoria.
Il faisait chaud en plein hiver. Cela est
normal : c'est dans l'hémisphère Sud.
J'ai découvert une nouvelle culture, celle du
berceau de l'humanité, l'Afrique.
Je me suis aussi intéressé à l'Apartheid, une des hontes de
l'humanité qu'il est capital
de connaître qu'on soit ici ou là.

Résolution
Il faut lire le dernier mot de chaque ligne de haut en bas.
La capitale de l'Afrique du Sud est Pretoria.

→ Phrases avec une lettre ou plus remplacées par d'autres

#51

Déchiffre cette phrase de Jean-Paul Sartre, philosophe.

Dxns lx vwz on nz fxwt pxs cz quz l'on vzut mxws on zst rzsponsxblz dz cz quz l'on zst.

Résolution
Dans la vie on ne fait pas ce que l'on veut mais on est responsable de ce que l'on est.

#52

Déchiffre cette phrase de Baruch Spinoza, philosophe.

Lw pwkx n'yst pws l'wbsyncy dy guyrry, c'yst uny vyrtu, un ytwt d'ysprkt, uny volonty dy bkynvykllwncy, dy confkwncy, dy justkcy.

Résolution
La paix n'est pas l'absence de guerre, c'est une vertu, un état d'esprit, une volonté de bienveillance, de confiance, de justice.

→ Orthographe

Trouver le nombre d'erreurs dans un texte amusant.

#53 Version facile

24 + 73 = 97
315 ÷ 3 = 105
8 × 2 × 5 = 80

Quel ligne faux-il corrigé ?

Résolution
La dernière ! « Quelle ligne faut-il corriger ? »

#53 bis Version difficile

24 + 73 = 97
315 ÷ 3 = 105
8 × 2 × 5 = 80

Quelle ligne faut-il corrigé ?

Résolution
La dernière ! « Quelle ligne faut-il corriger ? »

MÉMOIRE

Avec un temps limité pour la mémorisation et un temps limité pour la restitution…
- ***En groupe**, mémoriser une liste de mots, puis les redonner ou les retrouver parmi d'autres.*
- ***En concours individuel**, mémoriser une liste de nombres, par exemple les multiples d'un nombre ou les nombres premiers pour les plus jeunes, plutôt les décimales de π pour les CM2, et les écrire de mémoire un moment après.*

#54

Mémorise autant de nombres premiers que possible, dans l'ordre sans en sauter :
2 ; 3 ; 5 ; 7 ; 11 ; 13 ; 17 ; 19 ; 23 ; 29 ; 31 ; 37 ; 4 ; 43 ; 47 ; 53 ; 59 ; 61 ; 67 ; 71 ; 73 ; 79 ; 83 ; 89 ; 97 ; 101 ; 103 ; 107 ; 109 ; 113 ; 127 ; 131 ; 137 ; 139 ; 149 ; 151 ; ; 157 ; 163 ; 167 ; 173 ; 179 ; 181 ; 191 ; 193 ; 197 ; 199 ; 211 ; 223 ; 227 ; 229 ; 233 ; 239 ; 241 ; 251 ; 257 ; 263 ; 269…

Plus de nombres premiers :
https://www.nombres-premiers.fr/liste.html

#55

Mémorise autant de chiffres après la virgule de π, dans l'ordre sans en sauter :
3,1415926535 8979323846 2643383279 5028841971 6939937510 5820974944 5923078164…

Les 128 000 premières décimales de π :
http://jlsigrist.com/pi.html

RESSOURCES NUMÉRIQUES

Toutes les ressources à télécharger sont sur le CD-ROM fourni.

1. FLEURS ET ARBRES

Série 1
Énigme 1 – Le labyrinthe fleuri
Énigme 2 – Le son « a »
Énigme 3 – La fleur de calcul

Série 2
Énigme 1 – Les schémas et les syllabes
Énigme 2 – La fleur de calcul
Énigme 3 – Le son « è »

Série 3
Énigme 1 – Le labyrinthe de mamie
Énigme 2 – Les arbres fruitiers
Énigme 3 – Le cycle du pissenlit

Énigme finale
Le portrait
Les 6 fleurs

Feuille récapitulative

Feuille récapitulative – Corrigé

Diplômes de réussite et de participation

2. ANIMAUX DU MONDE

La carte du monde

Les 6 cartes d'itinéraire

Énigme 1 – L'Europe
Les 5 photos d'animaux
et les 5 phrases associées
Les 4 enregistrements

Énigme 2 – L'Afrique
Les 2 images de zébrures

Énigme 3 – L'Antarctique
Le portrait
Les 6 animaux proposés

Énigme 4 – L'Océanie
Les 4 cartes du début de vie d'un kangourou

Énigme 5 – L'Asie
Les 13 morceaux de mots à reconstituer

Énigme 6 – L'Amérique
Les 8 cartes de noms d'animaux

Énigme 7 – La banquise arctique
Les 13 cartes de noms d'animaux
Les 6 photos d'animaux

Énigme finale – Le tangram
Les 7 morceaux de tangram
Les différents modèles d'animaux

Feuille de route

Feuille de route – Corrigé

Diplômes de réussite et de participation

3. NOTRE ALIMENTATION

Le cadenas symbolique

La liste des cachettes

Énigme 1 – Rouge
Le tableau de classement
Les 6 blocs de catégories alimentaires
La carte d'aide

Énigme 2 – Noire
La carte énigme des deux balances
La carte d'aide

Énigme 3 – Violette
Le tableau de classement
Les 12 cartes d'actions

Énigme 4 – Blanche
Le code de l'énigme
Les 3 codes à coller sur les ustensiles
La carte d'aide

Énigme finale (jaune)
La carte énigme avec le code
La carte d'aide

Feuille récapitulative

Les étiquettes à coller sur la feuille récapitulative

Feuille récapitulative – Corrigé

Diplômes de réussite et de participation

4. PERDUS DANS LA FORÊT MAGIQUE

Énigme 1
La carte du lutin
« Quelle est la bonne direction ? »

Énigme 2
La carte énigme du lutin
« Un comprimé pour un tronc »
Le tableau de classification des arbres
Les 5 images de feuilles d'arbres
Les 5 images de troncs d'arbres

Énigme 3
La carte énigme du lutin
« Allumons la lumière »

Énigme 4
La carte énigme du lutin
« Allons dans la g. otte... »

Énigme 5
La carte énigme du lutin
« Coupons du bois... »
Les 9 images d'outils à replacer

Énigme 6
La carte énigme du lutin
« Ciel étoilé et sac de couchage... »
Les 4 morceaux de puzzle circulaire

Énigme 7
La carte énigme du lutin
« Soupe de champignons »
La carte du vocabulaire spécifique aux champignons

Énigme 8
La carte énigme du lutin
« Quelle émotion, cette aventure ! »
Les 12 étiquettes à replacer

Feuille récapitulative

Les étiquettes à coller sur la feuille récapitulative

Feuille récapitulative – Corrigé

Diplômes de réussite et de participation

5. LA MAISON ÉCOLO

Le plan de la maison à compléter

Les 6 images des pièces de la maison à découper

Énigme 1
La carte énigme de la chambre
La carte « Les bons réflexes »

Énigme 2
La carte énigme de la salle de bain partie 1
La carte énigme de la salle de bain partie 2
La carte « Les bons réflexes »

Énigme 3
La carte énigme de la cuisine partie 1
La carte énigme de la cuisine partie 2
Les 8 habitudes à classer pour la partie 2
La carte « Les bons réflexes »

Énigme 4
La carte énigme de la salle à manger
La carte « Les bons réflexes »

Énigme 5
La carte énigme du salon
La carte « Les bons réflexes »

Énigme finale
La carte énigme de l'entrée
La carte « Les bons réflexes »

Feuille récapitulative

Les étiquettes à coller sur la feuille récapitulative

Feuille récapitulative – Corrigé

Diplômes de réussite et de participation

6. DÉVELOPPEMENT DURABLE

Énigme 1
La carte énigme « Quel déchet va où ? »
Les 13 images de déchets à classer
La carte du code du cadenas de l'énigme 1

Énigme 2
La carte énigme « Au goûter »
La carte du code du cadenas de l'énigme 2

Énigme 3
La carte énigme « Modes de déplacement »
La carte du code du cadenas de l'énigme 3

Énigme 4
La carte énigme « Gestes utiles »
Les 6 gestes utiles à classer
La carte du code du cadenas de l'énigme 4

Énigme 5
La carte énigme « Qui décide ? »
La carte du code du cadenas de l'énigme 5

Énigme finale
La carte énigme « Énergies renouvelables ? »

Feuille récapitulative

Feuille récapitulative – Corrigé

Diplômes de réussite et de participation

7. TOUS EN CUISINE

Le cadenas symbolique

La liste des cachettes

Énigme 1
La carte énigme rose
Les 5 plats du monde
La carte du monde
La carte d'aide

Énigme 2
La carte énigme rayée
La carte d'aide

Énigme 3
La carte énigme bleue
La carte d'aide

Énigme 4
La carte énigme à pois
La carte d'aide

Énigme 5
La carte énigme jaune

Énigme 6
La carte énigme quadrillée
La carte d'aide

Énigme finale
La carte énigme blanche
La carte d'aide

Feuille récapitulative

Feuille récapitulative – Corrigé

Diplômes de réussite et de participation

8. RECHERCHES SCIENTIFIQUES

Énigme 1
La carte énigme « Quelques organes »

Énigme 2
La carte énigme « Les vers de terre » partie 1
La carte énigme « Les vers de terre » partie 2

Énigme 3
La carte énigme « Densité des liquides »
Les 3 étiquettes à coller

Énigme 4
La carte énigme
« Différents états de la matière »

Énigme 5
La carte énigme
« Deux scientifiques à connaître »

Énigme 6
La carte énigme « Étymologie »

Énigme finale
La carte énigme « Un grand savant »

Énigme bonus
La carte énigme « Bonus »

Feuille récapitulative

Feuille récapitulative – Corrigé

Diplômes de réussite et de participation

9. APPRENTIS AGENTS SECRETS

Énigme « Le petit plus »

Énigme 1 « The good place »
La carte avec le dessin des commerces d'une rue
Les 3 cartes textes de l'énigme

Énigme 2 « The street »
La carte avec le dessin du plan des rues (vue du dessus)
Les 2 cartes textes de l'énigme

Énigme 3 « The house »
La carte avec le dessin des différentes maisons de la rue « Tie and Hat Street »
Les 2 cartes textes de l'énigme

Énigme finale « The complete address »
La carte du monde avec les pays numérotés
La carte des 50 États des États-Unis d'Amérique
Les 4 cartes textes de l'énigme

Énigme bonus « The license plate »
La carte de l'énigme

La carte d'agent secret

Feuille récapitulative

Feuille récapitulative – Corrigé

Diplômes de réussite et de participation

RESSOURCES NUMÉRIQUES

Le CD-ROM compagnon contient toutes les annexes des énigmes à imprimer (documents PDF) ou à écouter (enregistrements MP3).

MODE D'EMPLOI

1. Chargez le CD-ROM dans le lecteur de CD.

2. Ouvrez l'explorateur de fichiers.

3. Accédez au lecteur CD-ROM.

4. Accédez aux dossiers, sous-dossiers et fichiers.

5. Ouvrez les fichiers (PDF à imprimer et enregistrements MP3 à écouter).

Les fichiers peuvent être copiés sur votre poste de travail, à l'emplacement de votre choix, et renommés. Si vous ne disposez pas de lecteur de CD-ROM ou que vous rencontrez des difficultés à lire les ressources numériques de ce guide, écrivez-nous à : contact@laclasse.fr

CONTENU DU CD-ROM

Le CD-ROM contient 9 dossiers, un pour chaque *escape game*. Chaque dossier comprend des sous-dossiers, à raison d'un par énigme. Et dans chaque sous-dossier est rangé le matériel spécifique.

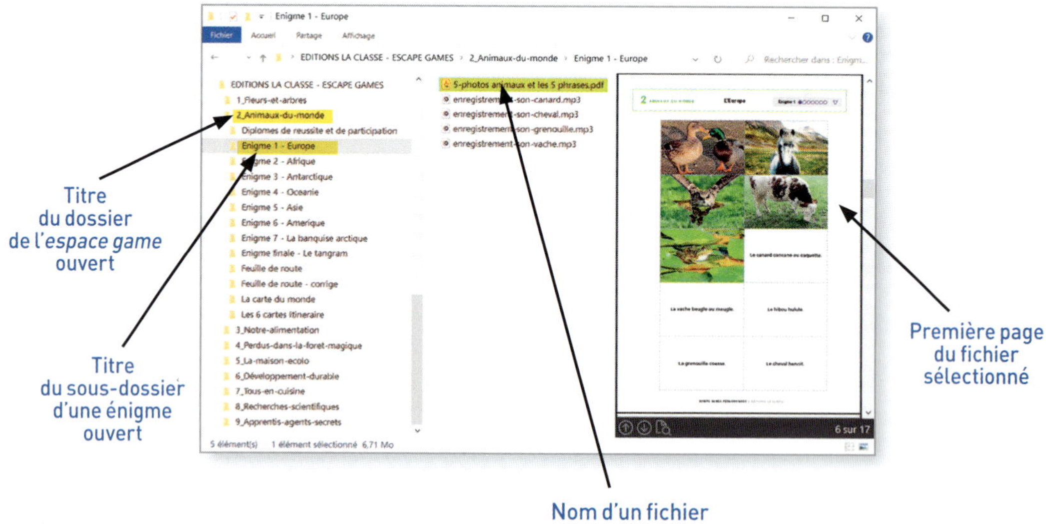

Achevé d'imprimer en France à Heillecourt (54) par Bialec
N° d'impression : 98525 • **Dépôt légal** : mars 2021